RÈGLES ET INSTRUCTIONS

ÉTABLIES À LA SUITE DES TRAVAUX

DE LA COMMISSION TECHNIQUE DE L'HABITATION

SIÉGEANT AU MINISTÈRE DU TRAVAIL

POUR LA CONSTRUCTION

DES HABITATIONS À BON MARCHÉ ET DES LOGEMENTS

PRÉVUS DANS LA LOI DU 13 JUILLET 1928.

CHAPITRE PREMIER.

Conception,

Principes.

1° La conception et la réalisation des habitations et logements qui seront construits sous le régime de la loi du 13 juillet 1928, seront telles que les lois, décrets, arrêtés et règlements généraux ou locaux concernant la construction, l'hygiène et la salubrité seront scrupuleusement respectés;

2° L'habitation doit être rigoureusement hygiénique, suffisamment spacieuse et présenter le degré de confort nécessaire à l'allègement de la tâche quotidienne de la ménagère et au repos de la famille.

L'aération, le chauffage, l'isolement thermique, la défense contre l'eau et l'humidité, l'insonorité, devront être soigneusement étudiés.

Adaptée au goût légitime des occupants, sa disposition ne sera pas cependant contraire à leurs intérêts bien compris.

3° La beauté des immeubles résultera de la simplicité des lignes et de l'harmonie des volumes, mais l'emploi de matériaux coûteux et de décorations onéreuses sera à éviter.

4° Donnée en garantie du remboursement de capitaux avancés par l'Etat, la maison devra avoir une valeur durable, obtenue tant par la qualité des matériaux employés que par la conception de son plan; elle ne devra se trouver ni démodée, ni susceptible d'être détériorée dans un avenir prochain.

5° Il est indispensable que le prix de revient soit compatible avec les ressources des personnes auxquelles ces habitations sont destinées et son étude doit être subordonnée aux considérations suivantes :

a. Les habitations à loyer moyen (que nous dénommerons ci-dessous H. L. M.), subventionnées par l'Etat, ne seront pas construites en faveur de ceux qui jouissent d'une grande aisance ni de ceux qui consacrent à leur logement une minime partie de leur gain seulement;

b. Les habitations à bon marché (que nous dénommerons ci-dessous H. B. M.) seront affectées à des personnes peu fortunées, mais à même cependant de conserver leur demeure en bon état.

6° Il est nécessaire d'atteindre, dans les constructions nouvelles, le minimum d'hygiène et de confort que réclame l'expérience, et, s'il est infiniment regrettable que dans l'état actuel de l'économie du pays, ce minimum d'hygiène et de confort ne soit pas encore entièrement accessible à toute la population, il faut cependant, plutôt que de rester en deçà et de compromettre l'avenir, assurer un meilleur rendement à l'effort de la collectivité en le consacrant principalement à construire des logements vraiment modernes.

Maisons collectives ou individuelles.

Les habitations à loyer moyen et les habitations à bon marché seront collectives ou individuelles suivant les cas d'espèce déterminés par la destination et l'emplacement.

La maison individuelle — laquelle n'est pas nécessairement une maison isolée — dotée d'un petit jardin, peut devenir plus facilement la propriété de son occupant, et répond au désir d'un grand nombre de citoyens.

Elle écarte les dangers que la maison collective peut présenter au point de vue de la santé et de la morale, du fait de la promiscuité obligée des immeubles très peuplés. Elle facilite la bonne utilisation des loisirs.

Quand il s'agit des milieux auxquels les habitations à bon marché et les habitations à loyer moyen sont destinées, ce sont là, du point de vue social, des avantages que la supériorité économique du grand immeuble ne doit pas faire négliger systématiquement.

Il sera toujours bon de prévoir des maisons individuelles à loyer moyen dans les groupes importants de maisons individuelles à bon marché, afin de tirer un meilleur parti des principaux emplacements et de réaliser un milieu social plus large.

Mais l'édification de maisons individuelles ne sera pas encouragée, tant pour les H. L. M. que pour les H. B. M., *là où le terrain est d'un prix élevé.*

Construction par vastes ensembles.

La construction de grands groupes d'habitations sera recherchée car elle se prête mieux à une standardisation plus poussée et à l'ouverture de chantiers mieux organisés, sources d'économie les plus appréciables.

C'est également le moyen d'obtenir un effet plus harmonieux dans l'agglomération car des éléments uniformes ne sont pas, bien au contraire, un obstacle à la variété dans l'ensemble.

Du même point de vue, et pour combiner la construction de logements subventionnés par l'Etat avec les opérations d'urbanisme intéressant la collectivité, les encouragements donnés aux particuliers qui feront construire individuellement aux environs des villes, seront accordés de préférence à ceux qui voudront édifier leur maison dans des cadres appropriés pour la formation d'ensembles bien conditionnés, et qui se soumettront aux servitudes exigées par ceux-ci.

Toute maison ou tout groupe de maisons devra, dans tous les cas, s'inscrire sans heurt dans le paysage en s'inspirant du caractère particulier de la région et respecter les plans d'extension des villes.

CHAPITRE II.

Disposition.

A. — Habitations a bon marché.

Nombre d'étages. — Les maisons individuelles seront à rez-de-chaussée ou à rez-de-chaussée et un étage, suivant les desiderata des constructeurs ou des occupants futurs, et suivant les habitudes régionales et locales.

Le nombre d'étages des maisons collectives sera déterminé en fonction du prix du terrain et des conditions locales : sous réserve de cas particuliers, la construction ne comprendra que quatre étages sur rez-de-chaussée, sauf à Paris où six étages sur rez-de-chaussée seront admis. Mais les logements pour familles nombreuses ne devront pas dépasser le cinquième étage; un septième étage pourra exceptionellement exister, dans lequel des ateliers d'artistes ou d'artisans seront alors à prévoir.

Dans le cas où la limite de quatre étages sur rez-de-chaussée serait dépassée, il y aura lieu de réserver la possibilité d'installer plus tard un monte-charge.

Hauteurs d'étages. — Afin de faciliter l'application des procédés de construction économiques, il est utile de rendre la hauteur d'étages uniforme.

Les hauteurs préconisées — sauf, bien entendu, prescriptions différentes des règlements locaux, et dans le cas où ces prescriptions donneraient des chiffres supérieurs à ceux-ci, — sont les suivantes (de sol à sol) :

Rez-de-chaussée :

Maisons individuelles : 3 m. 04 (16 marches de 0 m. 19).
Maisons collectives : 3 m. 026 (17 marches de 0 m. 178).

Etages :

Maisons individuelles : 2 m. 85 (15 marches de 0 m. 19).
Maisons collectives : 2 m. 848 (16 marches de 0 m. 178).

Pour des raisons particulières à certaines régions, une augmentation de ces hauteurs de la valeur d'une hauteur de marche pourra être accordée.

Division du plan. — Le plan du logement exige une étude très approfondie car il est à la base des conditions d'hygiène, de confort et d'économie.

La surface bâtie sera mesurée au plus juste. Tous les espaces morts seront radicalement supprimés, mais l'indépendance mutuelle de la plupart des chambres sera néanmoins assurée. Les couloirs seront généralement évités. Il n'y aura pas d'escalier de service dans les maisons collectives.

Les pièces indispensables dans chaque logement seront les suivantes :

Cuisine familiale;

Une ou plusieurs chambres à coucher;

Une petite entrée;

Un porche ou un auvent dans les maisons individuelles, ou un balcon de service devant la cuisine familiale;

W.-C.;

Dans le cas où, dans les maisons individuelles il ne sera pas prévu de caves, il y aura lieu d'édifier un cellier ou un bûcher fermé, d'environ 8 à 10 mètres carrés.

Pour les *habitations rurales,* les logements de petits agriculteurs ou de petits artisans ruraux, les annexes (écuries, hangars, remises, porcheries, ateliers, petites granges, etc.) nécessaires à l'exercice de la profession des futurs occupants, devront être également prévues et étudiées.

Orientation et éclairement. — Cours. — Jardins. — Tout logement présentera au moins deux orientations opposées et les plans seront, autant que possible, conçus de telle sorte que les chambres, ainsi que la cuisine familiale, soient ensoleillées.

L'alcôve éclairée dans laquelle se trouvent les appareils culinaires de la cuisine familiale dont il est parlé plus en détail ci-dessous, sera, autant que possible, placée au nord.

Toutes les pièces des maisons collectives destinées à l'habitation de jour et de nuit, de même que les cuisines, devront prendre jour sur des voies publiques ou des cours intérieures spacieuses. Sauf impossibilité matérielle, celles-ci communiqueront directement avec les voies extérieures. Les surfaces des cours et les vues directes au-devant des baies d'aération et d'éclairage desdites pièces seront déterminées par les minima résumés au tableau ci-après donnés à titre d'indication :

HAUTEUR DE LA VERTICALE du gabarit des bâtiments.	SURFACE DES COURS en mètres carrés.	VUE DIRECTE des pièces habitables.
Jusqu'à 12 mètres	45	6m00
— 13 —	50	6 50
— 14 —	55	7 00
— 15 —	60	7 50
— 16 —	65	8 00
— 17 —	70	8 50
— 18 —	75	9 00
— 19 —	80	9 50
— 20 —	85	10 00

Les cours intérieures mises à la disposition des habitants comprendront des espaces libres pour les jeux des enfants. Il sera même bon de prévoir dans ces espaces libres des emplacements spéciaux et sablés où les enfants en bas âge pourront s'ébattre sans danger. Il y aura également lieu d'établir dans ces cours des bancs de repos pour les grandes personnes.

La surface des fenêtres sera fonction de la région et de l'orientation. Cette surface sera, sans aucune dérogation possible, *au moins égale au sixième de la surface du plancher de la pièce à éclairer* (dont les dimensions seront indiquées plus loin). Il y aura intérêt à dépasser ce minimum pour les baies des cuisines familiales.

Des volets seront installés au rez-de-chaussée sur rue et sur cour. Ils sont recommandés (mais non obligatoires) aux étages, surtout dans les régions où le climat les rend indispensables.

Surfaces d'habitation. — Les surfaces d'habitation entre mur et cloison devront être au minimum de :

Logements de une pièce et cuisine familiale avec ou sans w.-c. : 25$^{m^2}$;
Logements de deux pièces avec w.-c. : 35$^{m^2}$;
Logements de trois pièces avec w.-c. : 45$^{m^2}$;
Logements de quatre pièces avec w.-c. : 54$^{m^2}$.

Cuisine familiale. — La superficie de la cuisine familiale sera proportionnelle au nombre de chambres, laquelle est fonction de l'importance numérique de la famille.

Cette superficie sera, *autant que possible* (1), au minimum de :

11$^{m^2}$ lorsqu'il y a une chambre (logement d'une pièce);
15$^{m^2}$ lorsqu'il y a deux chambres (logement de deux pièces);
20$^{m^2}$ lorsqu'il y a trois chambres (logement de trois pièces);
25$^{m^2}$ lorsqu'il y a quatre chambres (logement de quatre pièces).

En vue, en effet, d'obtenir une meilleure hygiène et de mettre les habitants dans un cadre éducateur d'ordre et de propreté, de faciliter les tâches de la ménagère et de la mettre à même d'avoir toujours une pièce en état présentable, voici une disposition que nous recommandons et

(1) Ces dimensions, supérieures à celles fixées à l'article 122 de la loi de finances du 31 décembre 1928 pour l'obtention de certains relèvements des maxima de valeurs locatives, ne sont pas obligatoires, mais sont désirables cependant à tous points de vue.

dans laquelle la cuisine familiale se composerait, en réalité, de deux parties :

1° Une partie rectangulaire, largement éclairée, libre de tous appareils culinaires ou ménagers quelconques, dans laquelle la famille se tiendra dans le courant de la journée;

2° Une sorte d'alcôve très sérieusement éclairée et aérée et dans l'étude et l'aménagement de laquelle il y aura lieu d'apporter le plus grand soin.

Il est indispensable, en effet, que l'installation de cette alcôve dans un espace nécessairement et volontairement restreint (3 à 6 mètres carrés) soit la plus pratique et la plus saine possible. C'est là que devront être groupés les appareils destinés à la préparation des aliments, aux nettoyages ainsi qu'aux lessives, et tout, dans la conception et l'emplacement de ces appareils, devra tendre à réduire au minimum la fatigue de la ménagère.

Cette alcôve communiquera par une baie libre avec la première partie de la cuisine familiale et pourra également communiquer directement avec l'extérieur.

Dans la disposition de cette annexe, les emplacements ci-dessous seront à réserver et à étudier :

1° Fourneau à charbon : 0 m. 70 × 0 m. 50. Ce fourneau sera installé de façon à assurer le chauffage de la première partie de la cuisine familiale;

2° Lorsque le gaz existe, un support pour fourneau à gaz : 0 m. 70 × 0 m. 50, dont l'emplacement sera recouvert en carreaux céramiques ou par une plaque de fonte;

3° Un évier de 0 m. 60 × 0 m. 50;

4° Un égouttoir de 0 m. 30 × 0 m. 50;

5° Un garde-manger ventilé;

6° Une tablette à battant ou une petite table.

Dans toute cuisine familiale devra être construit un dispositif de ventilation et d'aération tel que les buées produites dans l'alcôve ne se répandront pas dans la partie habitable. C'est un point d'une extrême importance qui doit faire l'objet de soins les plus attentifs des techniciens, des architectes et des entrepreneurs.

Dans l'alcove on pourra prévoir l'emplacement d'un bac en ciment pouvant servir à la fois pour le lavage du linge et même les ablutions.

L'amenée d'eau à ce bac-baignoire et l'évacuation des eaux seront obligatoires. Il serait également désirable qu'un appareil à douche puisse être prévu au-dessus de ce bac.

Ce bac pourra également être placé non dans l'alcôve, mais dans un petit local accolé à cette alcôve.

Enfin, dans les maisons collectives, il est à recommander de prévoir l'établissement d'une trémie à ordures ménagères par palier, cette trémie étant à l'extérieur, avec accès par balcon de service.

Ce collecteur d'ordures sera destiné à faciliter aux ménagères la pénible obligation de la descente des ordures et supprimera également une cause importante de malpropreté de l'escalier.

Les systèmes à employer devront être munis de chasses d'eau et permettre un ramonage et un nettoyage faciles; ils aboutiront, soit à des caveaux cimentés faciles à vidanger et à ventiler, soit à des autoclaves qui auront fait leurs preuves.

Les collecteurs d'ordures dont les orifices ne seraient pas complètement hermétiques, ou donneraient à l'intérieur du logement, ne seront pas admis.

Chambres à coucher. — Le nombre des chambres à coucher sera de 1, 2, 3, 4. L'une d'elles comportera obligatoirement un appareil de chauffage avec évacuation. Dans les autres, si aucun appareil de chauffage avec évacuation n'est prévu, un système efficace de renouvellement d'air est obligatoire. Dans le cas où le chauffage central à eau chaude ou à vapeur serait installé, aucun appareil de chauffage avec évacuation n'est à prévoir dans les pièces, mais partout un système de renouvellement de l'air est à installer.

Il est utile, en effet, pour avoir des logements sains, de ne pas laisser à la seule liberté de l'occupant la possibilité d'aérer ou de ne pas aérer, et un système de ventilation automatique ou semi-automatique est alors à recommander.

Surface des chambres. — L'une des chambres sera plus grande que les autres d'environ 3 ou 4 mètres carrés : destinée aux parents, elle sera assez vaste pour contenir un grand lit, un berceau d'enfant, et les meubles habituels d'une chambre à coucher.

La disposition des portes, fenêtres, appareils de chauffage et placards dans les autres chambres devra permettre de placer commodément deux lits à une place avec tables de chevet.

Les surfaces minima des chambres à coucher seront :

Chambre principale, 12 mètres carrés; autres chambres, 9 mètres carrés.

W.-C. — Un w.-c. sera installé par logement.

Sauf quand il ne pourra pas être établi avec chasse d'eau, le w.-c. sera à l'intérieur de la maison, mais son entrée ne donnera ni dans une pièce habitable, ni dans la cuisine.

Si la nécessité du plan l'impose, et sous réserve de l'application des règlements locaux, il pourra être éclairé et aéré par une trémie.

Un coffre à linge sale, ventilé vers l'extérieur, sera placé dans les w.-c.

Partout où un réseau d'égouts existe, le w.-c. y sera relié et muni d'une chasse d'eau. À défaut de tout-à-l'égout et lorsque les possibilités réglementaires ou géologiques locales le permettront, les constructeurs utiliseront une fosse septique de préférence à la fosse fixe. Lorsqu'on sera obligé d'avoir recours à la fosse fixe, elle n'aura pas moins de 6 mètres cubes pour une construction individuelle de deux chambres et 8 mètres cubes pour trois chambres et plus; sa hauteur ne sera pas inférieure à 1 m. 80 sous clé, le tampon de vidange devra, dans tous les cas, être placé à l'extérieur.

Des dérogations pourront être accordées pour la position du w.-c. à l'intérieur de la maison dans le cas où les habitudes locales l'imposeraient; en particulier, pour les logements ruraux où le w.-c. pourra être accolé à l'extérieur de la maison. Il devra alors, autant que possible, être placé au nord.

De toutes façons, le w.-c. devra être aéré, ventilé et placé de telle façon que les odeurs ne puissent pas pénétrer dans l'habitation.

Groupement de la cuisine et des w.-c. — Ces deux pièces seront disposées de telle sorte que les canalisations d'eau et de vidange soient groupées au mieux et d'une longueur aussi réduite que possible. Les systèmes de vidange devront éviter les engorgements et permettre d'y remédier facilement.

Débarras et placards. — Une surface d'au moins un mètre carré pour les logements d'une et deux chambres, et de 2 mètres carrés pour les logements de trois ou quatre chambres, sera prévue pour des débarras, penderies ou placards autres que ceux de la cuisine.

Des resserres d'environ 2 mètres carrés pour malles et caisses seront ménagées dans les combles des maisons collectives ou dans des caves dallées, enduites et ventilées.

Il est beaucoup insisté sur la nécessité d'installer la plus grande surface possible de placards.

Escaliers. — L'escalier des maisons collectives sera directement et largement éclairé.

La hauteur des marches sera de préférence de :

0 m. 19 pour les maisons individuelles;

0 m. 178 pour les maisons collectives.

Le giron (nez compris) sera uniformément de 0 m. 26 et l'emmarchement sera autant que possible de :

0 m. 80 pour les maisons individuelles;

1 m. 05 pour les maisons collectives.

Ces largeurs seront, en tout cas, des minima.

Le nombre de marches sera de :

a. Rez-de-chaussée : maisons individuelles, 16 marches;
— maisons collectives, 17 marches.

b. Etages : maisons individuelles, 15 marches;
— maisons collectives, 16 marches.

Caves. — Autant que possible, les maisons individuelles, aussi bien que collectives, seront entièrement sur caves. En tous cas, les chambres à coucher ne seront jamais sur terre-plein, mais sur plancher surélevé, soigneusement isolé, avec aération en-dessous.

L'escalier de descente de cave sera intérieur ou abrité.

Cellier. — Quand, en raison du terrain ou de l'emplacement, l'établissement d'une cave causera une dépense excessive, il sera prévu un cellier de 8 à 10 mètres carrés, compris dans le plan de la maison, à laquelle il sera accolé.

Locaux particuliers aux maisons collectives. — Les rez-de-chaussée seront, de préférence, installés en locaux commerciaux, bureaux, boutiques, garages, dont les loyers restant libres amélioreront les résultats financiers de l'exploitation et permettront des abattements plus importants sur les taux de location des logements proprement dits. Les espaces réservés à cet effet seront laissés vides et installés au gré de l'occupant. Dans le cas où ils ne pourraient être loués au tarif commercial, ils seront aménagés en logements.

Des garages individuels à bicyclettes ou à voitures d'enfants seront obligatoirement prévus.

Les combles seront divisés soit en petits logements d'une ou deux pièces avec cuisine, ou en ateliers d'artistes ou d'artisans, soit en chambres d'au moins 9 mètres carrés, éclairées par des fenêtres et réservées, en principe, aux célibataires appartenant, autant que possible, aux familles de l'immeuble.

Les angles des combles seront utilisés au mieux par l'installation d'ateliers rattachés ou non à des appartements situés à leur niveau ou à l'étage inférieur.

Chauffage. — Eau chaude. — Il serait désirable, à tous points de vue, que le chauffage central soit installé, si son prix de revient le permet : c'est un des conforts les plus appréciables et, le plus souvent, à l'usage, une source d'économie.

Dans les maisons collectives, le chauffage sera centralisé dans une chaufferie d'immeubles, ou mieux, de groupes d'immeubles, en attendant que les distributions de chauffage urbain soient généralisées.

La très grande centralisation est, en effet, le meilleur moyen d'abaisser les frais d'exploitation, car les grosses chaudières ont un rendement plus élevé que les petites, brûlent les charbons industriels à bas prix et demandent une main-d'œuvre proportionnellement réduite.

Les constructeurs veilleront à intéresser les usagers à l'économie en installant des compteurs de calories.

Dans le cas où l'installation en sera possible, l'eau chaude pour l'alimentation des postes d'évier et des appareils sanitaires sera produite dans les mêmes chaufferies et dotée d'un réseau de canalisation spéciale.

Le chauffe-bains à gaz individuel sera à éviter dans les maisons collectives.

Il serait intéressant que le perfectionnement des chaudières à gaz soit encouragé et, dans certaines villes, peut-être serait-il possible aux concessionnaires d'abaisser le prix du gaz pour le chauffage de ces chaudières à certaines heures de la journée comme cela se fait pour l'électricité (courant de jour ou de nuit).

L'emploi du gaz supprime, en effet, d'onéreux transports et comporte la récupération de sous-produits indispensables à l'économie nationale. L'intérêt général demande également l'intensification de la production du gaz afin de créer des combustibles qui ne donnent pas de fumées.

Il serait également très intéressant de développer le chauffage par l'électricité (courant de nuit et emploi d'accumulateurs de chaleur), mais un aménagement nouveau des tarifs est, pour cela, encore nécessaire.

Logements pour familles très nombreuses. — En raison de la difficulté de prévision dans les maisons collectives du nombre de membres de familles très nombreuses que les organismes constructeurs seront amenés à loger, il sera intéressant de prévoir, en certains cas, la possibilité de constituer des logements de quatre et cinq pièces par la réunion possible de deux logements du type inférieur qui pourraient, le cas échéant, reprendre leur indépendance.

Type nouveau de construction à créer. — Si les fondations privées peuvent apporter, dans le choix de leurs locataires, une large sélection, il ne peut en être de même des offices en général qui se trouvent souvent dans l'obligation d'accepter comme locataires des familles ayant l'habitude de vivre dans le désordre et la malpropreté la plus absolue, locataires qui conservent ces mauvaises habitudes, même lorsqu'ils sont transplantés dans le milieu plus confortable des habitations à bon marché, où les logements qu'ils occupent sont non seulement très vite détériorés, mais où ils deviennent aussi une gêne pour les voisins et la bonne tenue de l'immeuble.

Il faut cependant que ces familles, quittant leur taudis pour des raisons diverses, trouvent un abri; aussi serait-il parfois intéressant de réaliser, sur un certain nombre de petits terrains, des logements très simples avec sols carrelés, murs blanchis à la chaux, w.-c. indépendants, pour lesquels des travaux de désinfection ou de remise en état puissent s'effectuer à peu de frais et qui permettraient aux occupants transplantés de devenir peu à peu plus sociables et d'être alors admis, sans réserve, dans les logements à bon marché normaux.

B. — Logements a loyer moyen.

Nombre d'étages. — Mêmes indications que pour les H. B. M. Mais dans le cas où la limite de quatre étages sur rez-de-chaussée serait dépassée dans les maisons collectives, il y aura lieu de réserver la possibilité d'installer, plus tard, un ascenseur. Pour les loyers moyens, en effet, les étages élevés qui sont, dans les grandes villes, plus sains et plus agréables parce que plus éclairés, plus aérés, plus ensoleillés et plus éloignés des poussières et des bruits de la rue, seront particulièrement recherchés.

Hauteur d'étages. — Mêmes indications que pour les H. B. M.

Division du plan. — Les remarques générales faites pour les H. B. M. s'appliquent aux H. L. M. Dans ceux-ci, cependant, des couloirs pourront exister, mais le moins possible. L'escalier de service n'existera pas dans les maisons collectives.

Les pièces indispensables dans chaque logement seront :

Salle familiale (salle à manger et salon réunis);

Cuisine;

Une ou plusieurs chambres à coucher;

Une antichambre donnant accès à la salle familiale;

Une salle de bains (non aménagée si le coût en est trop élevé, mais toute prête à être aménagée);

Un w.-c.

Orientation et éclairement. — *Cours.* — *Jardins.* — Mêmes indications que pour les H. B. M. : les orientations et plans devront, autant que possible, être conçus de telle sorte que les chambres et la salle familiale soient ensoleillées et que la cuisine soit placée au nord.

Surfaces d'habitation. — Les surfaces d'habitation entre mur et cloison devront être au minimum de :

Logements de deux pièces, cuisine, salle de bains et w.-c. : 46^{m^2};

Logements de trois pièces, cuisine, salle de bains et w.-c. : 58^{m^2};

Logements de quatre pièces, cuisine, salle de bains et w.-c. : 70^{m^2};

Logements de cinq pièces, cuisine, salle de bains et w.-c. : 82^{m^2}.

La surface des couloirs et du w.-c. ne pourra dépasser 15 p. 100 de la superficie ci-dessus.

Salle familiale. — La salle familiale des H. L. M. constituera à la fois la salle à manger et le salon. Une amorce de cloison permettra, en cours d'occupation, de séparer par un rideau ou même une porte, au gré de l'occupant, les deux parties de cette pièce.

Les dimensions de cette salle familiale seront proportionnelles au nombre de chambres et les minima de superficie seront les suivants :

22$^{m^2}$ lorsqu'il y aura une chambre (logement de deux pièces);

25$^{m^2}$ lorsqu'il y aura deux chambres (logement de trois pièces);

30$^{m^2}$ lorsqu'il y aura trois chambres (logement de quatre pièces);

35$^{m^2}$ lorsqu'il y aura quatre chambres (logement de cinq pièces).

Un conduit de fumée, et si possible même une cheminée, sera obligatoire pour l'ensemble des deux pièces, sauf dans le cas où un appareil de chauffage central y serait installé; s'il en est ainsi, un système efficace de ventilation doit alors être prévu.

Cuisine. — De même que dans le cas de l'alcôve de la cuisine familiale des H. B. M., il y a lieu d'apporter le plus grand soin dans l'étude de l'aménagement de la cuisine des H. L. M.

Cette cuisine formera une pièce entièrement séparée, mais cependant assez voisine de la salle à manger. Non comptée dans le nombre des pièces d'habitation, elle aura de 6 à 10 mètres carrés.

Elle devra comprendre les éléments indispensables prévus dans l'alcôve de la cuisine familiale, sauf le bac-baignoire avec appareil à douche des H. B. M. qui sera remplacé par un petit bac de lavage.

La cuisine sera avantageusement séparée de l'antichambre par une petite pièce formant office avec buffet et placard installés.

Dans les maisons individuelles, la cuisine aura une communication directe avec l'extérieur. Dans les maisons collectives, il n'y aura pas d'escalier spécial pour le service, mais, si possible, une porte de service donnera directement accès dans l'escalier unique.

L'évacuation des ordures ménagères sera à réaliser dans les maisons collectives à L. M. dans les mêmes conditions que celles qui ont été indiquées plus haut pour les H. B. M.

Chambres à coucher. — Mêmes indications que pour les H. B. M. Mais la surface des chambres doit être, au minimum, de 14 mètres carrés pour la chambre principale et de 9 mètres carrés pour les autres chambres.

W.-C. — Mêmes indications que pour les H. B. M.

Salle de bains ou de douches. — La salle de bains sera, autant que possible, indépendante et comprendra — lorsque le prix de revient le permettra — une baignoire ou un appareil à douches et un lavabo à eau courante chaude et froide.

Groupement de la cuisine, des w.-c. et de la salle de bains. — Ces trois pièces devront être, autant que possible, disposées de telle sorte que les canalisations d'eau et de vidange soient groupées au mieux et d'une longueur aussi réduite que possible. Comme pour les H. B. M., les systèmes de vidange devront éviter des engorgements et permettre d'y remédier facilement.

Débarras et placards. — Mêmes indications que pour les H. B. M.

Escaliers. — Mêmes indications que pour les H. B. M.

Caves. — Mêmes indications que pour les H. B. M.

Cellier. — Mêmes indications que pour les H. B. M.

Locaux particuliers aux maisons collectives. — Mêmes indications que pour les H. B. M. Les combles pourront être aménagés, soit en chambres d'au moins 9 mètres carrés, éclairées par des fenêtres et destinées au personnel de service des appartements, soit, dans les angles surtout, en ateliers d'artistes ou studios, rattachés ou non à des appartements situés à leur niveau ou à l'étage inférieur.

Chauffage. — Eau chaude. — Les mêmes remarques que celles qui ont été faites pour les H. B. M. peuvent s'appliquer aux H. L. M. pour lesquelles les maxima des prix de revient étant plus élevés, ces installations pourront être plus facilement réalisées et devront être même prévues dans la plus grande majorité des cas.

Dispositions spéciales. — Il sera intéressant, en certains cas, de prévoir des dispositions analogues à celles qui ont été indiquées pour les logements pour familles très nombreuses des H. B. M. et de prévoir la possibilité de constituer des logements de quatre ou cinq pièces par la réunion de deux logements du type inférieur qui pourraient, le cas échéant, reprendre leur indépendance.

CHAPITRE III.

Réalisation.

Le choix des moyens de réalisation sera toujours inspiré par la recherche simultanée du meilleur résultat technique, du plus bas prix de revient et de l'emploi sur le chantier d'un minimum de main-d'œuvre spécialisée.

Il sera également tenu compte des nécessités qu'imposent à titres divers, la production de nos industries et le souci de conserver l'équilibre de notre économie nationale; en particulier, il est important de tenir compte, dans l'ensemble des matériaux à employer, des proportions relatives des productivités des diverses industries afin de ne pas rompre, par une demande exagérée de certains matériaux par rapport à d'autres, l'harmonie normale de la productivité française et coloniale.

Méthodes de construction.

Dans la recherche des méthodes propres à réaliser le maximum d'économie dans le prix de revient des constructions, il apparaît indispensable, lorsque la réalisation en sera possible, d'envisager surtout des programmes d'une certaine envergure comportant l'exécution de travaux répartis sur plusieurs années, en confiant aux mêmes entreprises ou groupes d'entreprises la réalisation de la totalité du projet.

Pour réaliser des programmes de cet ordre, il sera toujours avantageux de faire appel à des entreprises générales ou à des groupements d'entreprises particulières avec désignation d'une entreprise principale chargée des installations d'ensemble et responsable de la police des chantiers et de l'avancement des travaux. Un tel groupement, assuré d'un même travail pendant plusieurs années, aura ainsi la possibilité d'organiser ses chantiers et de tayloriser la construction au maximum et, également, de spécialiser d'une façon extrême une main-d'œuvre dont le rendement ira ainsi en croissant au fur et à mesure des constructions, dont le prix de revient sera alors certainement amélioré.

Une telle organisation, lorsqu'elle sera possible, devra donc être recherchée avant toute autre et les marchés que les organismes constructeurs passeront dans ces conditions avec ces groupements d'entreprises devront comporter une clause de révision et d'amélioration des prix du fait de l'amélioration certaine des prix de revient.

Des ensembles comportant la construction annuelle de 200 logements pendant la période de 4 à 5 années semblent constituer les bases numériques à partir desquelles l'économie maxima pourra être obtenue.

Il est évident que cela ne sera pas le cas général, mais dans le cas de grandes agglomérations, il faut s'efforcer de se rapprocher de cette hypothèse très favorable quant aux prix de revient.

Standardisation.

Les méthodes de construction à adopter devront être le plus simple possible afin de ne nécessiter sur le chantier que des travaux de montage qui pourront être exécutés en majeure partie par des manœuvres spécialisés, des conducteurs de machines et un pourcentage minime d'ouvriers d'art spécialistes.

A cet effet, les matériaux employés, outre les matériaux locaux, devront, autant que possible, être choisis parmi les éléments standardisés et fabriqués industriellement en grandes série dans les ateliers annexés aux chantiers ou dans les usines régionales. Les fabricants auront ainsi la possibilité de constituer des stocks de matériaux et d'éléments de rechange. La standardisation s'appliquera, autant que possible, à tous les éléments de la construction suivant les principes qui seront donnés ci-après.

Pour passer à une application pratique, nous avons fait étudier un certain nombre d'éléments qui pourront servir à l'établissement, par les organismes compétents, de normes définitives.

Nous signalons ces différents éléments en annexe de la présente brochure.

Organisation du travail.

L'organisation rationnelle du travail est le facteur essentiel de la diminution des prix de revient. Elle devra donc être étudiée avec une extrême attention par les entrepreneurs, surtout dans le cas de groupes de constructions.

Tout d'abord, dans tous les cas où cela sera possible, il est indispensable de ne rien laisser au hasard et d'éviter toute improvisation sur le chantier. Il sera donc toujours préférable d'établir les plans à une échelle assez grande et avec une précision telle que la plupart des opérations à réaliser au cours de la construction y soient indiquées d'une façon suffisamment claire et nette pour qu'aucun tatonnement ni aucune hésitation n'aient à se produire au moment de l'exécution.

Il sera bon, dans les entreprises un peu importantes, de faire à l'avance une étude complète chiffrée et bien précise de chacune des opérations de la construction en indiquant, au moyen de fiches étudiées à l'avance, par exemple, quels sont exactement les matériaux et la main-d'œuvre nécessaires à ladite opération, et de décomposer même, si possible, les phases de l'opération en chiffrant les temps nécessaires à leur exécution. Ces indications, évidemment théoriques au début du travail, seront contrôlables au fur et à mesure de la réalisation et seront certainement suivies, surtout dans le cas où il s'agira de répéter un grand nombre de fois chacune des opérations, de diminutions sensibles dans les temps prévus, et par conséquent, d'amélioration des prix de revient.

A côté de cette organisation théorique du travail et de la mise en œuvre, il sera toujours indispensable de mettre au point avec un grand soin, avant le commencement des travaux, la question des moyens de transport des matériaux et du personnel, afin de réduire cette dépense le plus possible tout en ramenant au minimum les frais de reprises et de manutentions des matériaux à employer.

Grâce aux études complètes des dispositions intérieures, faites entièrement avant l'ouverture des chantiers et figurant en totalité sur les plans, tous les travaux courants tels que : percement après coup des planchers, des murs et des cloisons pour le passage des canalisations diverses, etc., seront complètement supprimés; il est, en effet, d'une importance capitale que chacun des éléments de la construction soit prévu à l'avance et préparé pour la mise en place définitive qui correspondra au minimum de dépense.

Nous insistons sur la nécessité absolue de procéder (lorsqu'il s'agira d'un groupe important de logements) à une étude préliminaire et très sérieuse de tous les détails et des procédés de construction. Nous pourrons citer à cet égard un exemple :

La Maison Michelin a construit, aux abords de Clermont-Ferrand, une grande cité. Grâce à l'emploi des méthodes que nous préconisons plus haut, elle a obtenu une économie de plus de 20 p. 100 sur le coût normal et elle a pu se tenir largement au dessous des maxima.

En résumé, nous recommandons aux organismes constructeurs toutes méthodes de constructions, employant le maximum d'éléments standards préparés à l'avance, et dont la mise en place pourra le plus rationnellement possible être réalisée par le plus petit nombre d'ouvriers spécialistes.

ANNEXE

2.

ANNEXE.

Eléments de la construction qui pourraient être standardisés et suggestions a cet égard.

Briques. — Il y aurait intérêt à uniformiser les dimensions des briques ainsi que cela, d'ailleurs, a été demandé par la Commission permanente de standardisation à :

0 m. 06 × 0 m. 105 × 0 m. 220.

Parpaings. — Les dimensions des parpaings devraient être telles que l'assemblage avec les briques soit possible : elles devraient donc être multiples des dimensions des briques employées.

Linteaux. — Si l'on adopte les dimensions standard indiquées plus loin des portes, croisées et châssis, il sera également désirable d'étudier des types standards de linteaux.

Appuis. — Même remarque que pour les linteaux.

Tuiles mécaniques. — Il y aurait intérêt à uniformiser l'emploi des tuiles parmi les dimensions suivantes :

13 au mètre carré;
14 au mètre carré;
15 au mètre carré;
22 au mètre carré.

Tuyaux en grès vernissé. — Afin de faciliter leur approvisionnement, les tuyaux en grès vernissé pourront être pris parmi les dimensions suivantes :

DIAMÈTRE INTÉRIEUR des tuyaux. — centimètres.	ÉPAISSEUR des parois. — millimètres.	JEU d'emboîtement — millimètres	HAUTEUR des collets. — millimètres.
10	17 à 19	18 à 20	50 à 55
12	17 à 19	18 à 20	50 à 55
15	18 à 20	25 à 27	55 à 60
18	19 à 21	26 à 28	55 à 60
20	20 à 22	28 à 30	60 à 65
22	21 à 23	28 à 30	60 à 65
25	22 à 24	30 à 32	65 à 70
30	25 à 27	30 à 35	65 à 70
35	26 à 30	30 à 35	65 à 70
40	28 à 30	35 40	70

Longueur normale : 0 m. 80.
Longueurs exceptionnelles : 0 m. 60 et 1 mètre.

Portes. — Le manque de bois qui sévit en France et la nécessité qu'il y aurait, pour répondre à la demande d'une façon satisfaisante, d'employer des bois insuffisamment secs ou séchés par des procédés qui en altéreraient les propriétés, conduit à préconiser l'emploi de panneaux contreplaqués pour la fabrication des portes et à exiger pour cette fabrication un soin tout particulier. C'est, en effet, une cause de dépense et de souci perpétuel pour l'occupant d'un logement que la mauvaise fabrication des portes à l'aide d'éléments non complètement au point. Ce sont de continuelles retouches dès que le chauffage intérieur a commencé à fonctionner et ces rétouches viennent largement grever le budget, souvent réduit, de ceux auxquels sont destinés les logements dont il s'agit; l'emploi de panneaux contreplaqués, sérieusement et solidement maintenus par des traverses et battants de bonne qualité permettra, sans aucun doute, de pallier à ces inconvénients.

Voici, à titre indicatif, les caractéristiques des éléments des différents types de portes préconisés pour la construction des habitations à bon marché et des habitations à loyers modérés. (Voir les pl. 1 A, 1 B, 1 C, 1 D) :

1° Deux modèles de portes extérieures d'entrée :

a. *Porte extérieure d'entrée modèle P. 1 A. de 2 m. 20 × 0 m. 80 de passage,* en sapin de 38 millimètres; dormants sapin de 0,054 × 0,054, en lambris à petits cadres, avec panneau de 22 millimètres d'épaisseur composé de lames de largeur uniforme assemblés à rainures et languettes, avec baguettes sur joints au parement intérieur et moulurés au parement extérieur, un seul panneau sur la hauteur.

Dans la partie haute, guichet disposé pour recevoir une glace fixe ou un petit châssis métallique ouvrant.

Battants et traverse haute de 120 millimètres de largeur, traverse basse de 200 millimètres de largeur, l'ensemble des battants et traverses comportant une rainure du tiers de l'épaisseur environ pour recevoir le panneau;

b. *Porte extérieure d'entrée modèle P. 1 B. de 2 m. 20 × 0 m. 80 de passage,* en sapin de 38 millimètrs, dormants sapin de 0,054 × 0,054, en lambris à petits cadres, avec panneaux en bois contreplaqué, en 3, 5 ou 7 épaisseurs contrariées formant une épaisseur totale de 15 millimètres, les faces extérieures des panneaux en Okoumé, un seul panneau sur la hauteur.

Dans la partie haute, guichet disposé pour recevoir une glace ou un petit châssis métallique ouvrant.

Battants de 120 millimètres de largeur, traverse haute droite de 120 millimètres de largeur, traverse basse droite de 200 millimètres de largeur.

L'ensemble des battants et traverses comportant un quart de rond sur chaque parement; rainure pour logement des panneaux de 15 millimètres d'épaisseur.

Nota. — Ces portes P. 1 A. et P. 1 B. peuvent être exécutées également en chêne.

2° *Porte extérieure d'entrée de cuisine modèle P. 1 C. de 2 m. 20 × 0 m. 80 de passage* en sapin de 38 millimètres d'épaisseur avec dormants sapin de 0,054 × 0,054 en lambris à petits cadres pour le soubassement, avec panneaux en bois-contreplaqué en 3, 5, 7 épaisseurs contrariées formant une épaisseur totale de 12 à 15 millimètres. Les faces extérieures des panneaux en Okoumé, partie haute vitrée avec emploi du carreau de 0 m. 90 × 0 m. 51, séparée en trois panneaux égaux par des petits bois montants de 0,034 × 0,034; battants de 120 millimètres de largeur. Traverses haute et médiane droites de 120 millimètres de largeur, traverses basses droites 200 millimètres. L'emploi de battants et traverses comportant un quart rond sur chaque parement; rainures pour logement de panneaux de 12 à 15 millimètres d'épaisseur;

3° *Porte palière modèle P. 2 de 2 m. 20 × 0 m. 80 de passage* en sapin de 38 millimètres d'épaisseur avec huisserie et dormants sapin de 0,075 × 0,054 ou 0,075 × 0,075, en lambris à petits cadres, avec panneaux en bois contreplaqué en 3 ou 5 épaisseurs contrariées formant une épaisseur totale de 7 millimètres ou 10 millimètres, les faces extérieures des panneaux en Okoumé.

Cinq panneaux, dont deux dans le soubassement, une frise et deux panneaux dans la partie haute.

Battants et traverse haute et du milieu de 105 millimètres de largeur, traverse basse de 145 millimètres de largeur, pilette de 80 millimètres de largeur, comportant moulure à quart de rond et rainure pour panneaux de 7 ou 10 millimètres d'épaisseur;

4° *Porte intérieure modèle P. 3, dite de communication, de 2 m. × 0,70 de passage* en sapin de 32 millimètres d'épaisseur, en lambris du type petits cadres, avec deux parements, trois panneaux égaux sur la hauteur.

Battants et traverse haute de 95 millimètres de largeur, traverse du milieu de 105 millimètres de largeur, traverse basse de 145 millimètres de largeur, comportant moulure à quart de rond et rainure pour panneaux de 7 millimètres d'épaisseur.

Les panneaux en bois contreplaqué en 3 ou 5 épaisseurs contrariées, formant une épaisseur totale de 7 millimètres. Les faces extérieures des panneaux en Okoumé.

Les portes intérieures avec huisserie ou dormants en sapin de 0,075 × 0,054 ou 0,075 × 0,075, feuillées et nervées;

5° *Porte intérieure vitrée modèle P. 3* bis *de 2 m. × 0,70;* même description que la porte ci-dessus, mais avec le panneau du haut remplacé par une vitre fixée par une parclose rapportée clouée;

6° *Porte de w.-c. et de débarras, modèle P. 4 de 2 m. × 0,62 de passage;* même composition que pour les portes intérieures de communication, mais avec largeur réduite;

7° *Porte de cave P. 5 en sapin de 0 m. 027* brute avec planches clouées 0,02 d'écartement, fixées sur trois barres en chêne de 0,034 × 0,08.

Les portes seront livrées toutes ferrées sur les chantiers avec les huisseries et quincaillerie nécessaires à chacune de ces portes et décrites ci-après au chapitre « Serrurerie et Quincaillerie ».

Le type d'huisserie dit : « A la Capucine », qui permet la fixation des portes après la construction et le séchage des cloisons est à recommander.

Fenêtres et châssis. — Les fenêtres et les châssis pourront être en bois ou en acier lorsque ce mode de fabrication sera bien mis au point. Leurs dimensions seront standardisées en partant de la feuille de verre de 0,90 × 0,51.

Les châssis et croisées comporteront alors des carreaux de 0,45 de hauteur sur 0,51 de largeur, et en certains cas de demi-carreaux, soit 0 m. 45 × 0 m. 255.

Les types de châssis et croisées qui pourront être employés seront les suivants (voir Pl. 2) :

TYPES.	HAUTEUR. — mètres.	LARGEUR. — mètres.
F 1/2	0 625	0 375
F 1	0 625	0 63
F 2 haut	1 089	0 63
F 2 long	0 625	1 25
F 3 haut	1 553	0 63
F 3 long	0 625	1 87
F 4	1 089	1 25
F 6 haut	1 553	1 25
F 6 long	1 089	1 87
F 8	1 089	2 49
F 8 *bis*	1 089	1 98
F 9	1 553	1 87
F 12	1 553	2 49
F 12 *bis*	1 553	1 98

Eléments constitutifs des châssis et croisées (chêne autant que possible). — Les bois à employer pour la fabrication en série des châssis et croisées pourraient avoir uniformément les dimensions suivantes :

Dormants, 0,054 × 0,054 ;
Châssis, 0,034 ;
Petits bois, 0,034 × 0,034 ;
Jet d'eau, 0,070 × 0,070 ;
Pièce d'appui, 0,075 × 0,055 avec gorge et trou d'écoulement.

Pour les croisées à plusieurs vantaux, meneaux de 0,054 × 0,054 à feuillures ou embrevées.

Pour les portes-croisées qui pourraient être utilisées en certains cas, même indication que pour les croisées, mais avec soubassement en lambris à petit cadre et double saillant, la traverse bois se terminant par un jet d'eau de 0,70 × 0,070 ; panneau de 0,027 et pièce d'appui fonte à double gorge d'écoulement.

Menuiseries diverses. — Les dimensions des bois seraient avantageusément uniformisées pour les divers types de menuiserie spécifiés ci-dessous, afin de faciliter les approvisionnements :

1° Poteaux de remplissage et d'angle, en sapin de 0,075 × 0,075 corroyés avec nervures pour briques ou carreaux de plâtres ;

2° Plinthe en sapin de 0 m. 013 × 0 m. 11, une face et une rive rabotée avec arrondi de rive;

3° Plinthe en sapin de 0 m. 013 × 0 m. 15 semblable au 2°;

4° Garde-manger, suivant dimensions résultant de l'emplacement, comprenant un bâti d'encadrement en sapin de 41 millimètres, avec feuillure, une porte à deux vantaux à petits cadres, bâtis sapin de 27 millimètres, panneau contreplaqué Okoumé de 5 millimètres d'épaisseur; dessus contreplaqué Okoumé de 12 millimètres d'épaisseur, une tablette intérieure en sapin de 22 millimètres d'épaisseur;

5° Un coffre à linge de même type que le garde-manger, mais la face séparée transversalement pour ouverture de la partie haute en abattant et de la partie basse en levant, sans tablette intérieure;

6° Tablette de cuisine en sapin de 0,027 × 0,30 de largeur, rabotée;

7° Barre à casseroles en sapin de 0,027 × 0,11, une face et une rive rabotée, avec un chanfrein;

8° Dosseret en sapin de 0,013 × 0,20, une face rabotée, deux rives chanfreinées, longueur approximative 2 mètres.

Planchers. — Les portées des planchers pourraient être standardisées en tenant compte des longueurs commerciales des bois (multiples de 0 m. 33); à cet égard, les dimensions des solives, des poutres en bois pourraient être uniformément les dimensions suivantes :

Portées inférieures à 3 mètres : 65 × 165 (avec rangs d'entretoises de 31 × 23 au milieu de la portée);

Portées de 3 à 4 mètres : 65 × 180 (avec rangs d'entretoises de 31 × 23 au milieu de la portée);

Portées de 4 à 5 mètres : 76 × 230 (avec rangs d'entretoises de 31 × 23 au milieu de la portée).

Portées de 5 à 6 mètres : 105 × 230 (avec un rang d'entretoises de 34 × 23 au milieu de la portée).

Les poutrelles des planchers métalliques pourraient être uniformément de :

Portées inférieures à 4 mètres : P. N. de 120 millimètres;

Portées de 4 m. à 4 m. 80 : P. N. de 140 millimètres;

Portées de 4 m. 80 à 6 mètres : P. N. de 160 millimètres.

Escaliers. — Les hauteurs d'étages ayant été uniformisées, les dispositions types ci-après pourraient être adoptées pour les escaliers :

Hauteur des marches :
Maison individuelle : 0 m. 19;
Maison collective : 0 m. 178.

Giron (nez compris) : 0 m. 26.

Emmarchement :
Maison individuelle : 0 m. 80;
Maison collective : 1 m. 06 au minimum.

Nombre de marches. — Minima :

a. Rez-de-chaussée :
Maison individuelle, 16 marches de 0,19 = 3 m. 04;
Maison collective, 17 marches de 0,178 = 3 m. 026.

b. Etages :
Maison individuelle, 15 marches de 0,19 = 2 m. 85;
Maison collective, 16 marches de 0,178 = 2 m. 848.

Petite serrurerie. — Quincaillerie. — Il y aurait intérêt, afin d'éviter aux occupants des habitations construites sous le régime de la loi du 13 juillet 1928 de rapides et ennuyeux mécomptes avec la serrurerie et la quincaillerie, de n'équiper les portes des habitations nouvelles qu'avec de la serrurerie de première qualité, et en particulier, nous estimons qu'il serait préférable, à tous points de vue, d'adopter des articles répondant aux caractéristiques du cahier des charges de la Société centrale des Architectes, indiqués en particulier dans la série des prix de la ville de Paris pour les serrureries dites de première qualité et comportant le poinçon S. C. I.

L'équipement des portes et fenêtres décrites ci-dessus pourrait alors être le suivant :

Equipement des portes d'entrée, modèle P. 1 A., P. 1 B. et P. 1 C. — Pour une porte : une serrure de sûreté, 6 gorges, verticale à fouillot et rondelles de 80 millimètres de large avec deux clefs; béquille double renforcée en aluminium de 0 m. 11 de longueur totale et 0 m. 020 à la partie la plus large, pour les portes P. 1 A. et P. 1 B., ces béquilles étant remplacées pour la porte P. 1 C. par une béquille double en buffle ou en bois; 3 paumelles en acier de 0 m. 19, 4 équerres en fer forgé de 0 m. 30 de largeur du fer.

Equipement de la porte palière, modèle P. 2. — Une serrure de sûreté, 6 gorges — horizontale — à tirage de 0 m. 14 avec deux clefs; ou bien une serrure de sûreté, 6 gorges — verticale — à tirage de 80 millimètres avec deux clefs.

Un bouton fixé à écrou de 0,060 en cuivre creux, en aluminium ou en céramique façon ivoire. Trois paumelles en acier de 0,16. Quatre équerres simples en fer forgé de 25 millimètres.

Equipement de porte intérieure, modèle P. 3 et P. 3 bis. — Une serrure, deux pênes à fouillot et rondelles, verticale de 60 millimètres de large; ou, de préférence, dans le cas où l'équipement de la porte pourra être fait en atelier, une serrure, deux pênes, verticale à fouillot, à mortaiser de 60 millimètres de large. Un bouton double cuivre creux uni de 57 millimètres ou un bouton céramique, façon ivoire, de 60 millimètres, ou une béquille double aluminium de 11 centimètres de longueur et 20 millimètres à la partie la plus large; trois paumelles en acier de 0 m. 14.

Equipement de la porte P. 4. — Un bec de cane vertical à fouillot et rondelles de 0 m. 060 ou, de préférence, dans le cas où l'équipement pourra être fait en atelier, un bec de cane vertical à mortaiser de 0,060 de large; un bouton double cuivre uni de 0 m. 057 ou un bouton double céramique ovale façon ivoire de 0 m. 060, ou une béquille double aluminium de 11 centimètres de longueur et 20 millimètres à la partie la plus large; 3 paumelles en acier de 0 m. 14.

Equipement de la porte de cave, modèle P. 5. — Deux pentures à pattes ou à scellement de 0 m. 60; un moraillon à lacet de 0 m. 19 avec un piton à vis ou à scellement.

Equipement des fenêtres. — Par vantail ou châssis, 3 paumelles en acier de 0 m. 11, équerre en tôle double renforcée de 0 m. 19, crémone demi-ronde de 0 m. 016.

Tuyaux de descentes et de chutes. — L'emploi de ces tuyauteries pourrait être standardisé suivant les dimensions ci-dessous :

1° Habitations de 4 étages :

Descente d'eaux ménagères (bacs, baignoires, éviers : diamètre, 0,067;

Chute des w.-c. : diamètre, 0 m. 108;

2° Habitations de plus de 4 étages :

Descente d'eaux ménagères : diamètre, 0 m. 081;

Chute des w.-c. : diamètre, 0 m. 108.

Robinetterie à eau. — En raison des difficultés d'approvisionnement dû au manque d'unification de la robinetterie à eau, ainsi que des inconvénients nombreux qui en résultent, il serait intéressant que les fabricants de robinets à eau basent les pas de vis sur la grosseur et le pas des tubes d'acier suivant les desiderata suivants :

1° Robinets à vis, à bec à raccord à souder :

L'arrivée, c'est-à-dire le bout fileté mâle et le raccord femelle à souder seront aux grosseurs et pas de vis du tube d'acier comme suit :

Robinets de	8 et 10	millimètres pour tubes d'acier de		12 × 17.
—	12 et 15	—	—	15 × 21.
—	18 et 20	—	—	21 × 27.
—	25	—	—	26 × 34.
—	30	—	—	33 × 42.
—	35	—	—	40 × 49.
—	40	—	—	45 × 55.
—	50	—	—	50 × 60.
—	60	—	—	60 × 70.

Les robinets dits « purgeurs » de cette catégorie, soit 6 millimètres, seront au pas du tube d'acier de 8 × 12;

2° Robinets à raccords d'arrosage au nez :

Le nez mâle du robinet devra être taraudé au calibre et au pas de tube d'acier comme suit :

Robinets de	10	millimètres pour tubes d'acier de		12 × 17.
—	12	—	—	15 × 21.
—	15 et 18	—	—	21 × 27.
—	20 et 25	—	—	26 × 34.
—	30	—	—	33 × 42.
—	35	—	—	40 × 49.
—	40	—	—	45 × 55.
—	50	—	—	50 × 60.
—	60	—	—	60 × 70.

Comme conséquence, les raccords femelles dits « raccords d'arrosage trois pièces » seront de grosseur et au pas de cette gamme;

3° La grosseur et le filetage du tube d'acier seront également appliqués aux têtes de robinets, suivant les indications ci-après :

Robinets de	10 et 12 millim.	tête filetage mâle	st. tube	acier de	15 × 21.
—	15 et 18	—	—	—	21 × 27.
—	20 et 25	—	—	—	26 × 34.
—	30 et 35	—	—	—	33 × 42.
—	40 et 50	—	—	—	40 × 49.
—	60	—	—	—	50 × 60.

4° Les robinets d'arrêt deux eaux à double raccord auront la même unification que le 1° ci-dessus.

En vue d'obtenir des installations solides et durables, il serait nécessaire que la robinetterie réponde aux conditions du cahier des charges de la robinetterie établi par la Société centrale des Architectes, poinçonné par le soin de ladite société dans des conditions précisées à la série des prix de la Ville de Paris.

Appareils sanitaires. — Les dimensions des appareils sanitaires devraient être uniformisées le plus possible et nous faisons un appel pressant aux chambres syndicales des constructeurs de ces éléments pour qu'ils se mettent rapidement d'accord sur des types standards.

En ce qui concerne l'évier de la cuisine et l'égouttoir, ainsi qu'il a été indiqué dans la première partie de cette notice, l'évier sera de 0,60 × 0,50 et l'égouttoir de 0 m. 30 × 0 m. 50.

Les bacs-baignoires des habitations à bon marché devront être construits de telle sorte qu'ils soient d'un nettoyage et d'un entretien faciles et ne nécessitent pas l'emploi d'un trop grand volume d'eau chaude.

Les baignoires ne devront exiger qu'un volume d'eau de 100 litres, le fond sera en pente accentuée pour en faciliter le nettoyage intérieur.

Tant pour les bacs-baignoires que pour les baignoires ordinaires, ou bien les pieds seront assez élevés pour permettre un nettoyage facile du sol sous la baignoire, ou bien toute la base devra être enrobée dans une chappe sans communication avec l'extérieur.

Les appareils des w.-c. seront à réservoir de chasse ou à robinets de chasse. Autant que possible, des w.-c. seront installés en dispositif « à l'anglaise » de préférence au dispositif « à la turque ».

Cheminées. — Pour les habitations à bon marché, un seul type de cheminée de 1 mètre de largeur semble suffisant, quelle que soit la nature des matériaux employés suivant la région : marbre, pierre, pierre factice, briques, etc...

Le chambranle recevra un rétrécissement en fonte et un châssis à rideau à poids sans moulure, mais avec béquille en cuivre. Pour chaque cheminée, il sera prévu une ventouse métallique.

Fourneaux de cuisine. — Les dimensions des fourneaux pour les habitations à bon marché seront, autant que possible, uniformisées de la façon suivante : longueur, 0 m. 70; largeur, 0 m. 50; hauteur, 0 m. 80; le foyer à retour de flamme sera mixte dans les régions forestières; il comprendra une coulisse de nettoyage.

Au lieu d'un bain-marie dont l'entretien est difficile, le fourneau pourra comporter un bouilleur.

Le fourneau sera pourvu d'un four de 0 m. 37 d'ouverture, d'un charbonnier monté de préférence sur rouleau en bois sans chappe afin d'éviter la détérioration des sols. Le fourneau sera, en outre, muni d'une rampe en métal inoxydable.

Le revêtement du mur au-dessus du fourneau pourra être en fonte émaillée, ne touchant pas le fourneau pour éviter la transmission de la chaleur.

Peinture. — *Vitrerie.* — Les produits employés devront être de très bonne qualité pour assurer la conservation parfaite des menuiseries et des constructions métalliques. En particulier, pour les revêtements extérieurs, il y aura intérêt évident à employer les peintures laquées qui, plus résistantes et plus durables, constitueront une plus parfaite conservation des matériaux exposés aux intempéries.

En ce qui concerne la vitrerie, la standardisation des feuilles de verre à vitres a été indiquée à propos des fenêtres, l'unique dimension à employer étant les feuilles de 0 m. 90 × 0 m. 51.

Imprimerie Nationale. — J. 36856-28.

PLANS-TYPES

PORTE D'ENTRÉE

P. 1 A

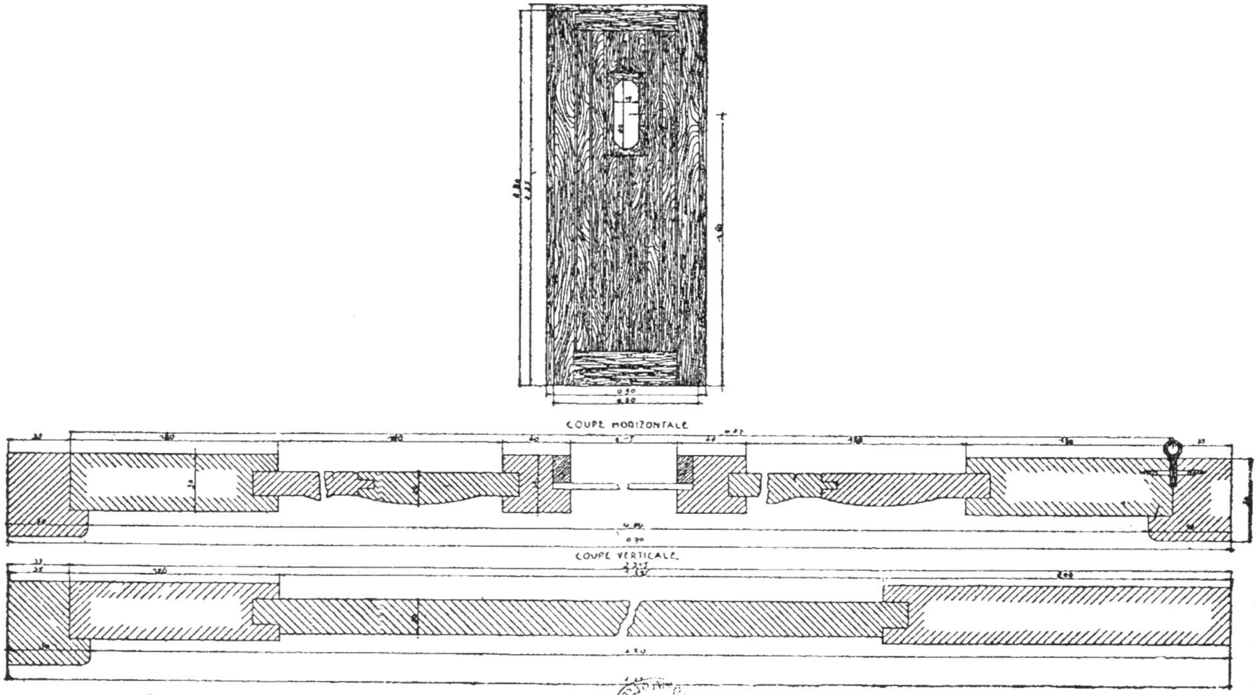

COUPE HORIZONTALE

COUPE VERTICALE

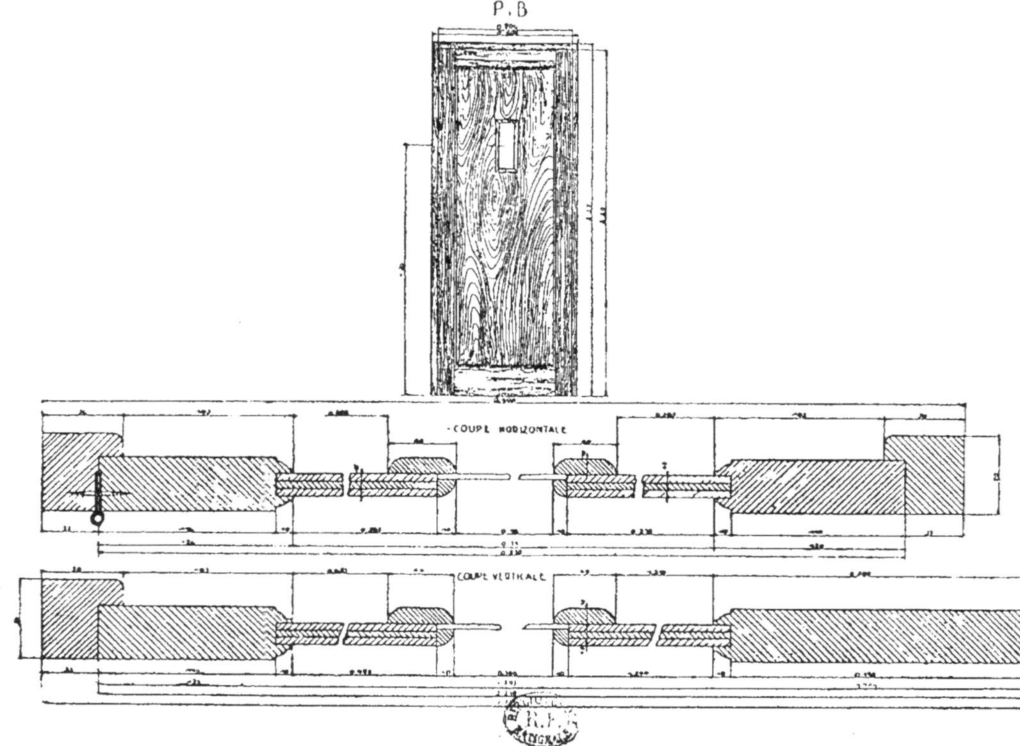
PORTE D'ENTREE
P.B
COUPE HORIZONTALE
COUPE VERTICALE

Pl. 1 C.

STANDARDISATION DES PORTES.

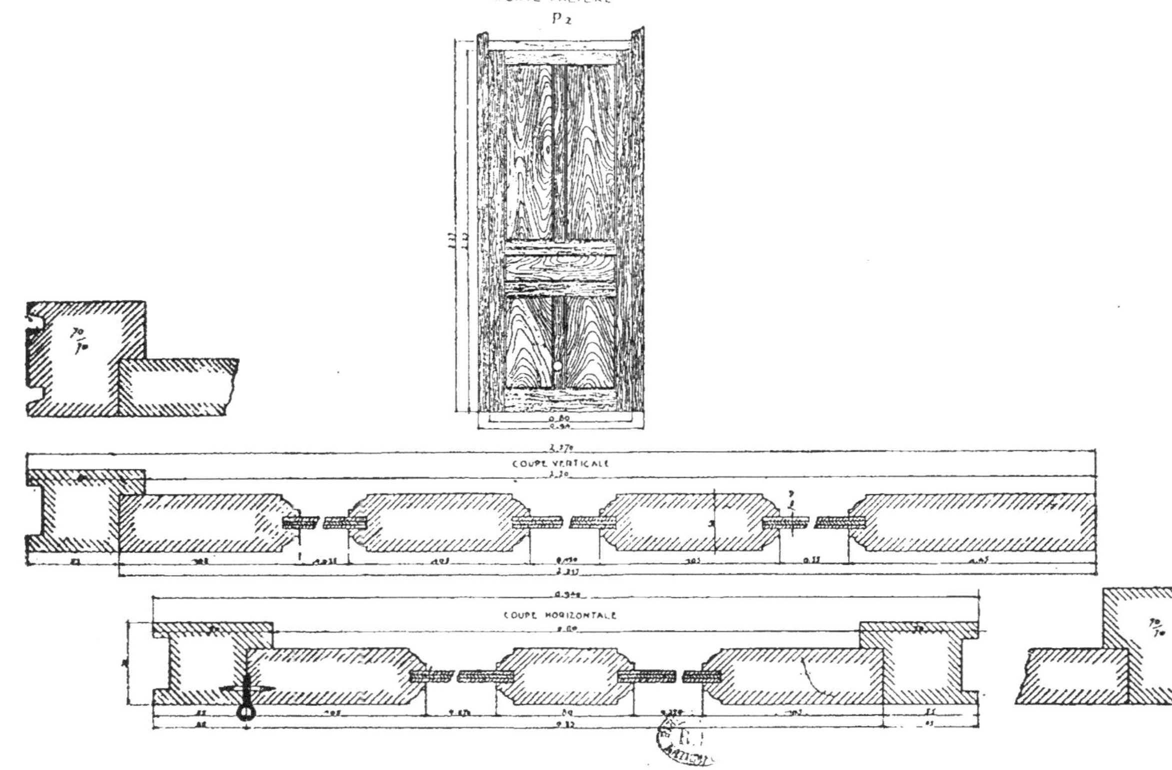

Pl. 1 D.

STANDARDISATION DES PORTES.

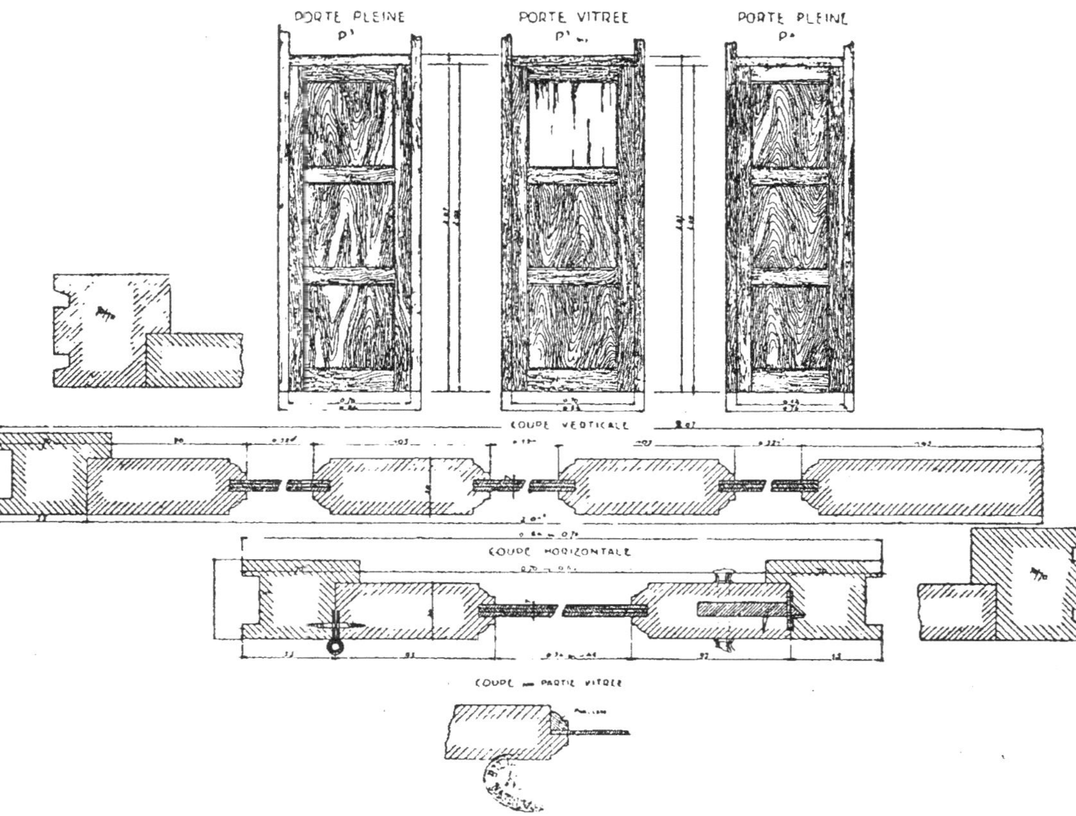

Pl. 2.

STANDARDISATION DES FENÊTRES.

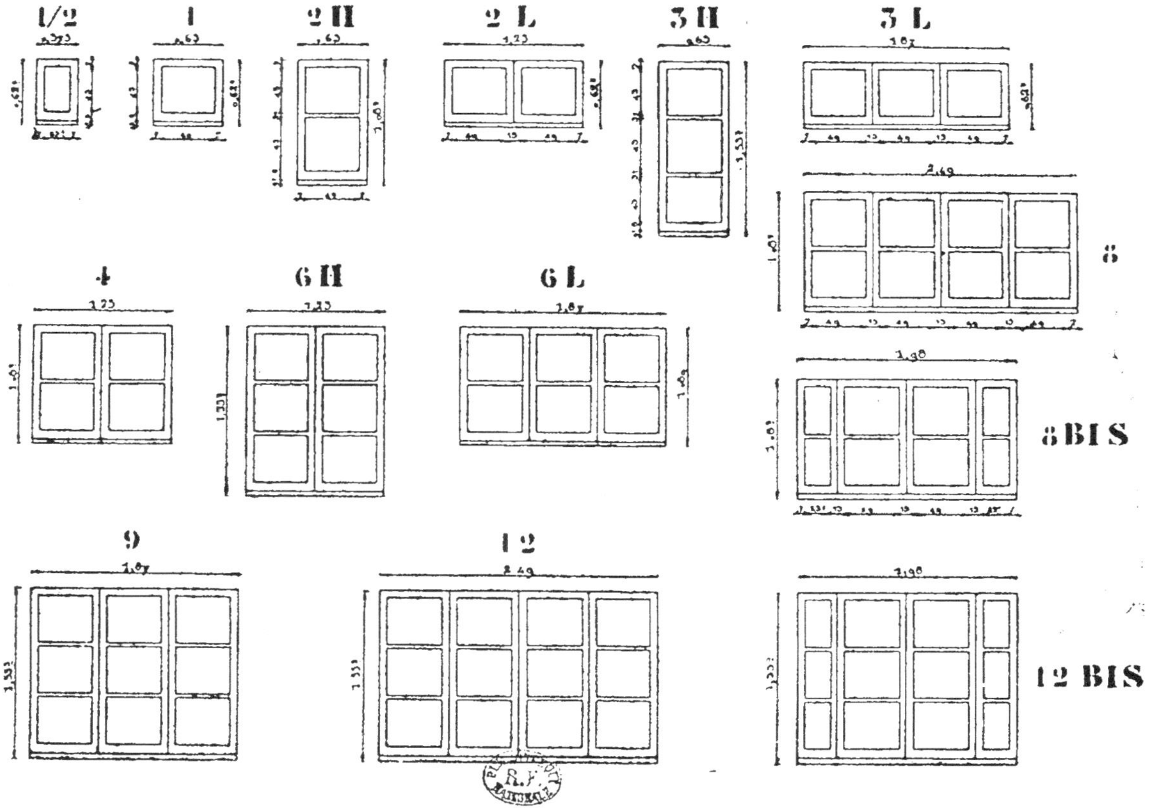

1/2 — 1 — 2 H — 2 L — 3 H — 3 L

8

4 — 6 H — 6 L

8 BIS

9 — 12 — 12 BIS

Pl. 3. **HABITATION À BON MARCHÉ INDIVIDUELLE : 2 CHAMBRES, SANS ÉTAGE.** (Plan 3.)

cuisine familiale

ch.

ch.

pl.

pl.

t

f

w.c.

e

p.

N

Pl. 3 A.

HABITATICN À BON MARCHÉ INDIVIDUELLE : 2 CHAMBRES, SANS ÉTAGE, suivant Pl. 3., Type 3 A.

Pl. 3 B.

HABITATION À BON MARCHÉ INDIVIDUELLE : 2 CHAMBRES, SANS ÉTAGE,

suivant Pl. 3, Type 3 B.

Pl. 3 C.

HABITATION À BON MARCHÉ INDIVIDUELLE : 2 CHAMBRES, SANS ÉTAGE,

suivant Pl. 3, Type 3 C.

Pl. 4. **HABITATION À BON MARCHÉ INDIVIDUELLE AVEC ÉTAGE : 3 CHAMBRES EN FAÇADE.** (Plan 4.)

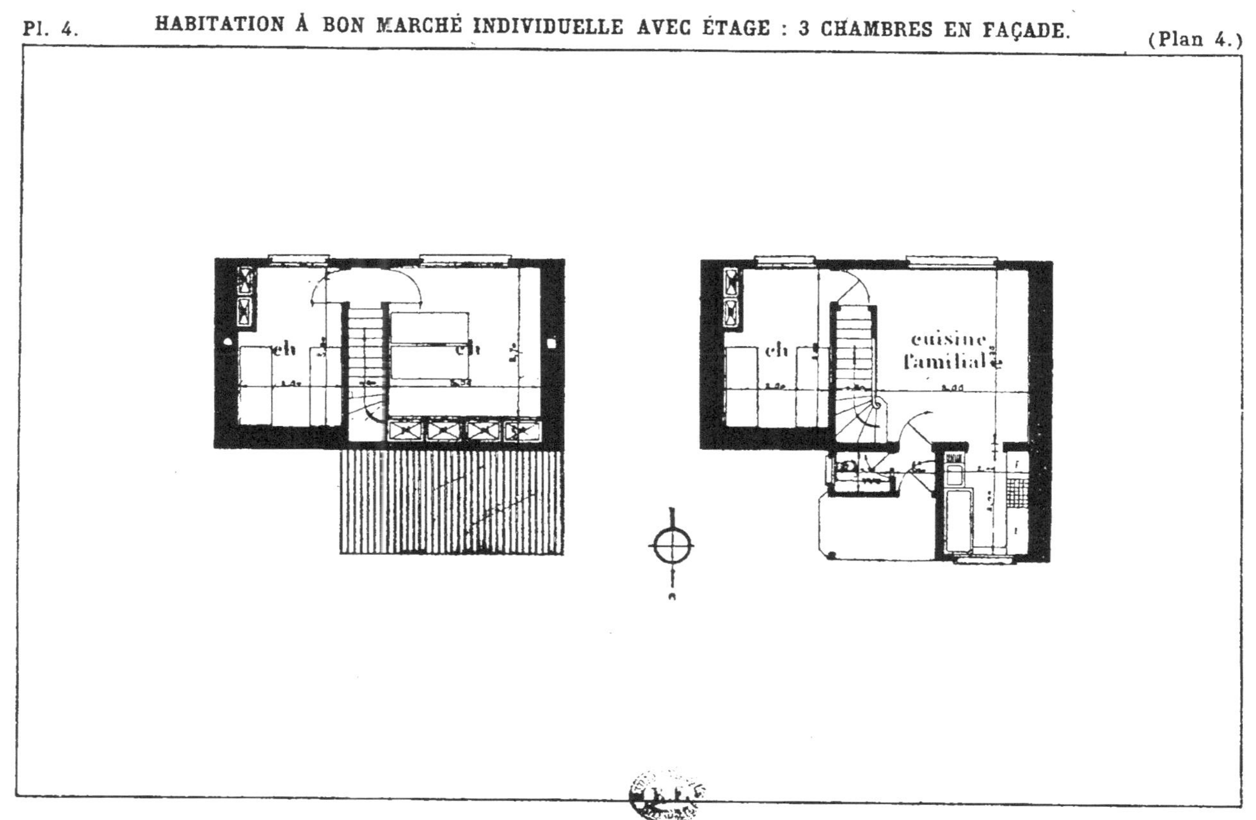

Pl. 4 A.

HABITATION À BON MARCHÉ INDIVIDUELLE AVEC ÉTAGE, 3 CHAMBRES EN FAÇADE,

suivant Pl. 4.

Pl. 5. HABITATION À BON MARCHÉ INDIVIDUELLE AVEC ÉTAGE, 3 CHAMBRES. (Plan 5.)

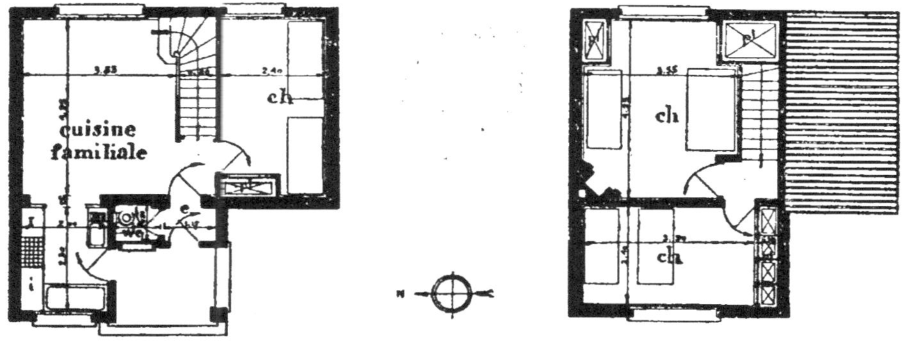

cuisine familiale

ch

e

W.C.

ch

ch

N

Pl. 5 A.

HABITATION À BON MARCHÉ INDIVIDUELLE AVEC ÉTAGE : 3 CHAMBRES,
suivant Pl. 5, Type 5 A.

Pl. 5 B.

HABITATION À BON MARCHÉ INDIVIDUELLE AVEC ÉTAGE : 3 CHAMBRES,

suivant Pl. 5, Type 5 B.

Pl. 6. HABITATION À BON MARCHÉ INDIVIDUELLE AVEC ÉTAGE ET CELLIER : 3 CHAMBRES. (Plan 6.)

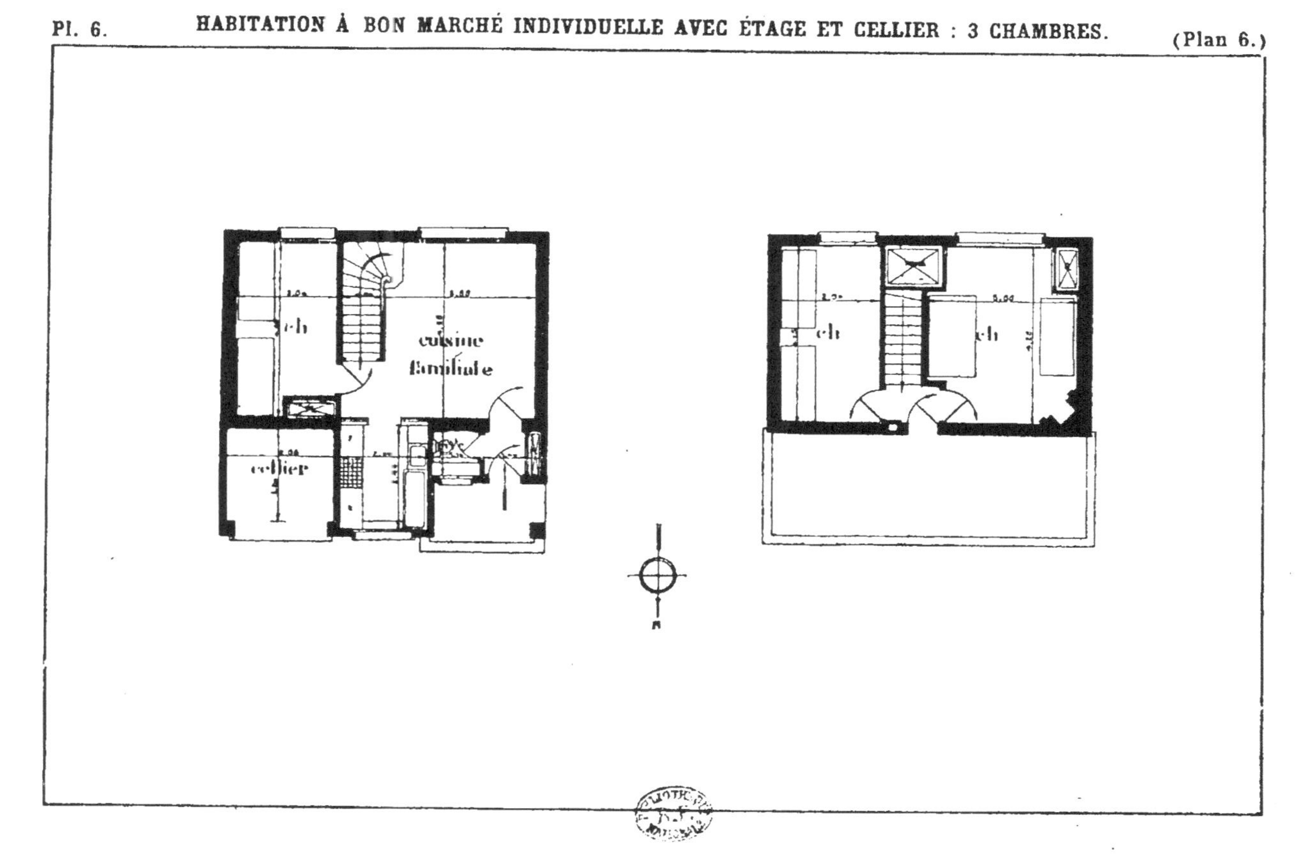

Pl. 6 A.

HABITATION À BON MARCHÉ INDIVIDUELLE AVEC ÉTAGE ET CELLIER : 3 CHAMBRES, suivant Pl. 6.

Pl. 7. (Plan 7.)

HABITATION À BON MARCHÉ INDIVIDUELLE AVEC ÉTAGE : 3 CHAMBRES, 2 LOGEMENTS ACCOLÉS.

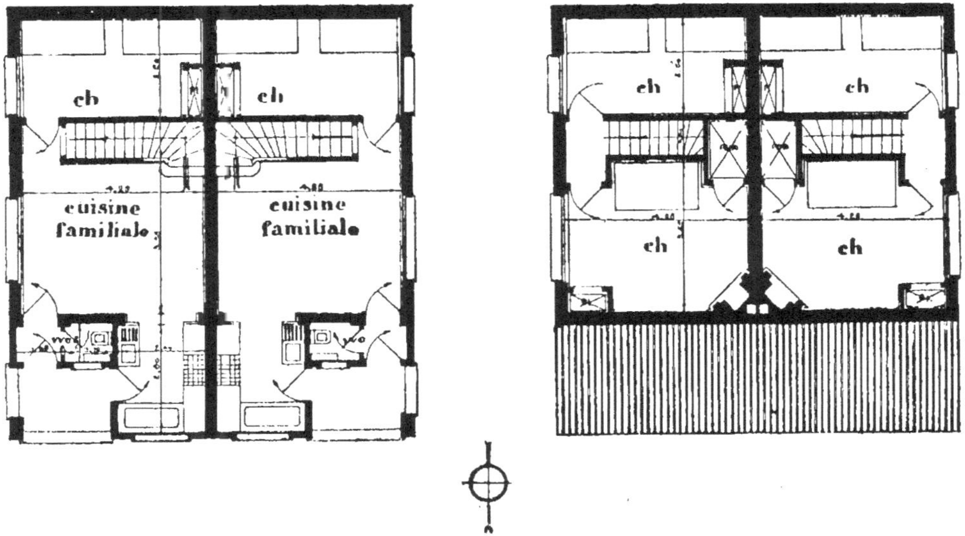

ch
ch
cuisine familiale
cuisine familiale
ch
ch
ch
ch

Pl. 7 A

HABITATION À BON MARCHÉ INDIVIDUELLE AVEC ÉTAGE : 3 CHAMBRES,
DEUX LOGEMENTS ACCOLÉS, suivant Pl. 7, Type 7 A.

Pl. 7 B.

HABITATION À BON MARCHÉ INDIVIDUELLE AVEC ÉTAGE : 3 CHAMBRES,
DEUX LOGEMENTS ACCOLÉS, suivant Pl. 7, Type 7 B.

Pl. 8.

HABITATION À BON MARCHÉ RURALE : 3 CHAMBRES, SANS ÉTAGE (HANGAR EN SUPPLÉMENT).

(Plan 8.)

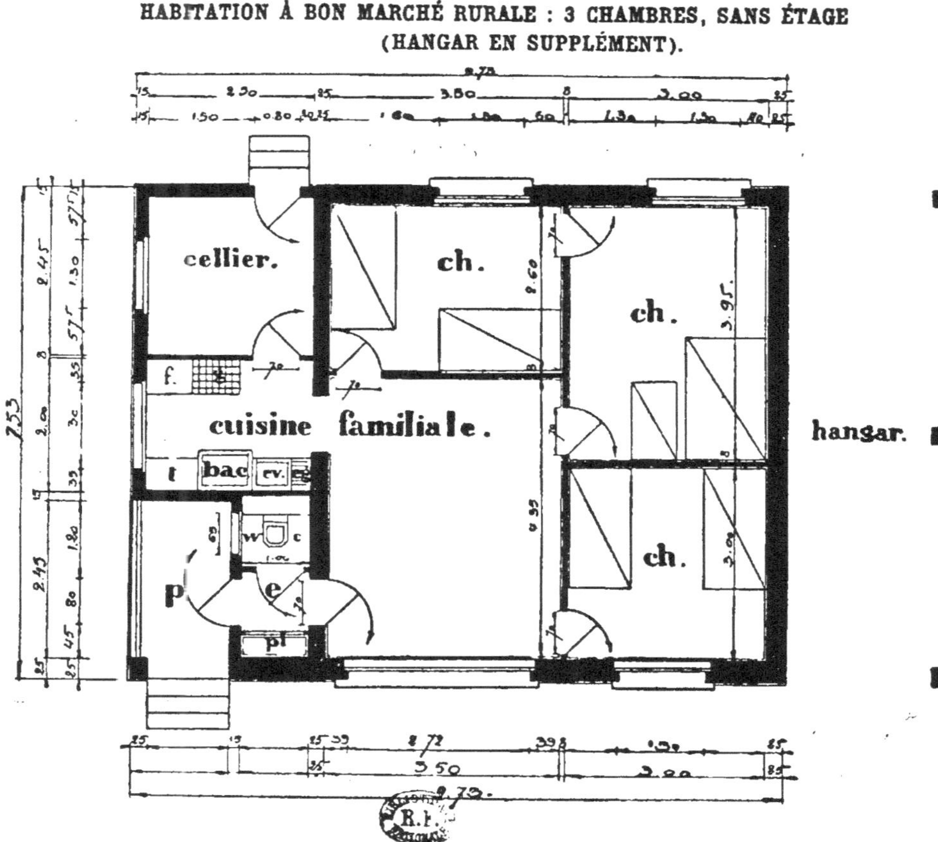

Pl. 8 A.

HABITATION À BON MARCHÉ RURALE : 3 CHAMBRES, SANS ÉTAGE (HANGAR EN SUPPLÉMENT), suivant Pl. 8, Type 8 A (BRETON).

Pl. 8 B.

HABITATION À BON MARCHÉ RURALE : 3 CHAMBRES, SANS ÉTAGE (HANGAR EN SUPPLÉMENT), suivant Pl. 8, Type 8 B (LANDAIS).

Pl. 8 C.

HABITATION À BON MARCHÉ RURALE : 3 CHAMBRES, SANS ÉTAGE (HANGAR EN SUPPLÉMENT), suivant Pl. 8, Type 8 C (PROVENÇAL).

HABITATION À LOYER MOYEN INDIVIDUELLE, AVEC ÉTAGE :

Pl. 9. 3 CHAMBRES. (Plan 9 : R.-de-ch.)

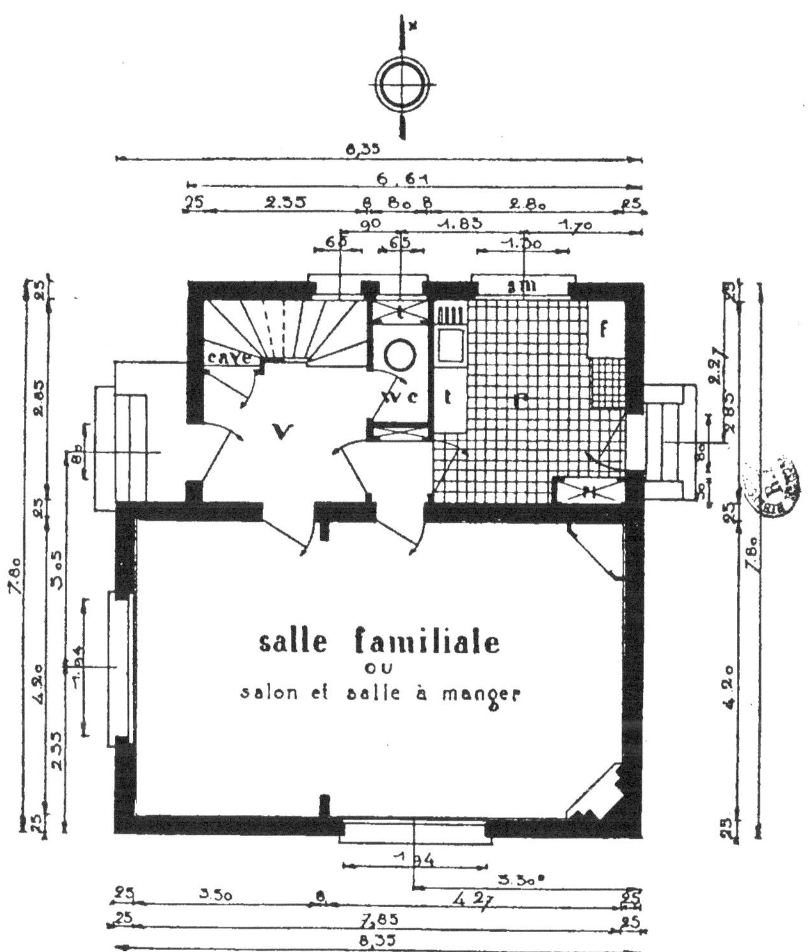

HABITATION À LOYER MOYEN INDIVIDUELLE AVEC ÉTAGE :

Pl. 9 *bis*. **3 CHAMBRES.** **(Plan 9 *bis* : Étage.)**

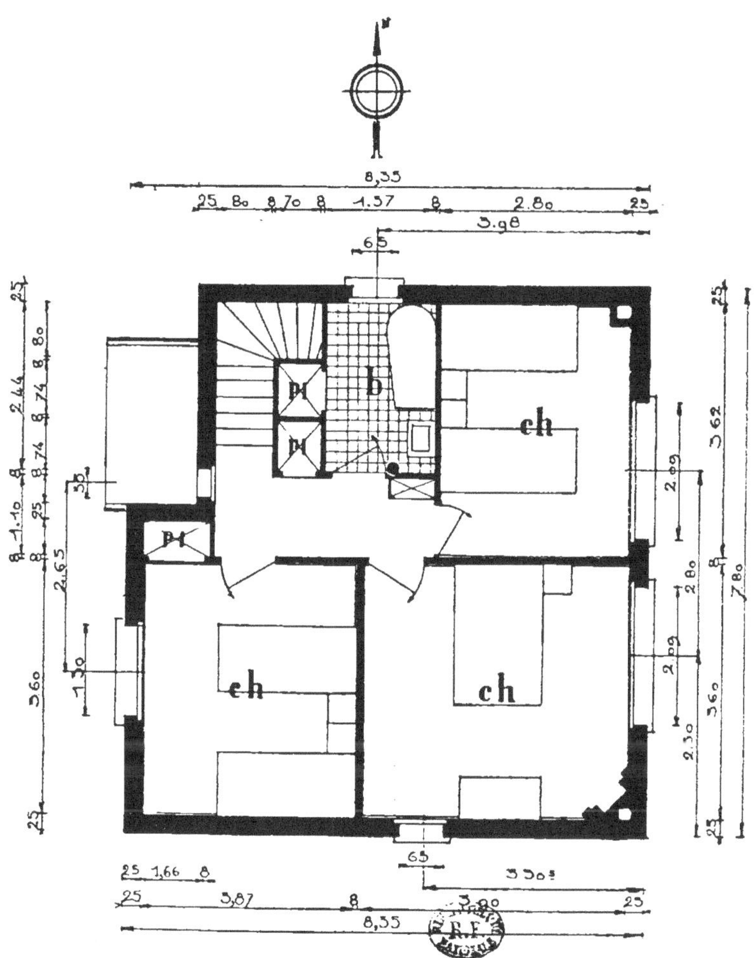

Pl. 9 A.

HABITATION À LOYER MOYEN INDIVIDUELLE, AVEC ÉTAGE : 3 CHAMBRES,
suivant Pl. 9 et 9 *bis*, Type 9 A (MODERNE).

Pl. 9 B.

HABITATION À LOYER MOYEN INDIVIDUELLE AVEC ÉTAGE : 3 CHAMBRES,
suivant Pl. 9 et 9 *bis*, Type 9 B (BASQUE).

Pl. 9 C.

HABITATION À LOYER MOYEN INDIVIDUELLE AVEC ETAGE : 3 CHAMBRES, suivant Pl. 9 et 9 *bis*. Type 9 C (ALSACIEN OU NORMAND).

Pl. 10.

HABITATION À BON MARCHÉ INDIVIDUELLE SANS ÉTAGE : 2 LOGEMENTS ACCOLÉS À 2 ET 4 CHAMBRES.

(Plan 10.)

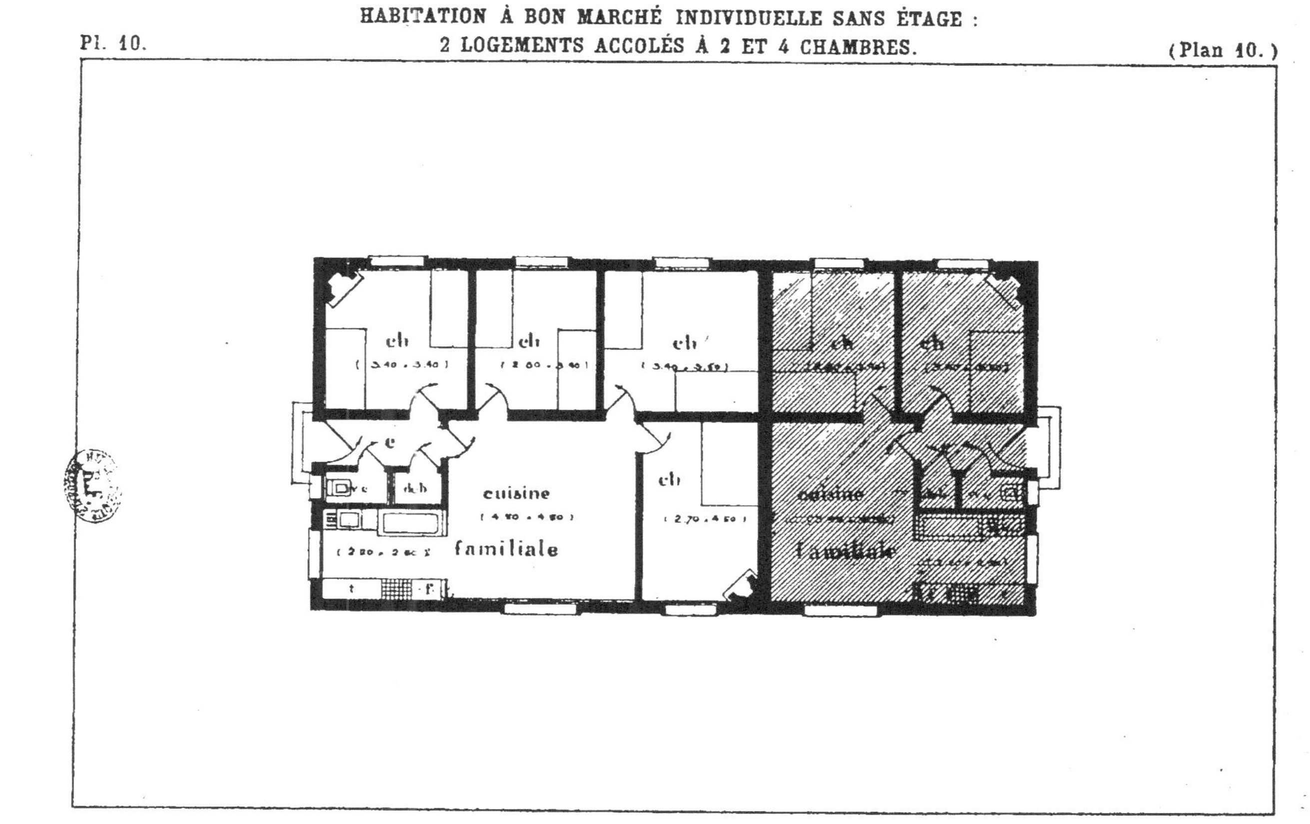

Pl. 11. **HABITATION À BON MARCHÉ COLLECTIVE : 4 LOGEMENTS DE 2 CHAMBRES.** (Plan 11.)

ch
(3.50 . 3.50)

ch
(2.60 . 3.50)

cuisine
familiale
(3.60 . 4.50)

wc

(2.40 . 2.50)

p

cuisine
familiale

ch

ch

p

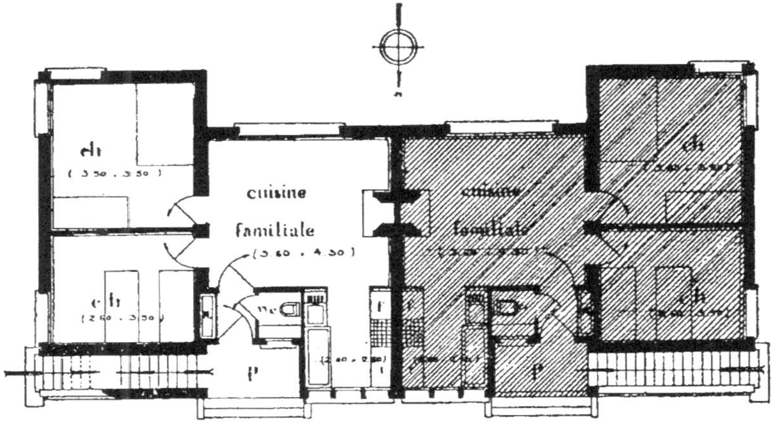

Pl. 12. HABITATION À BON MARCHÉ COLLECTIVE : 2 LOGEMENTS DE 2 CHAMBRES À L'ÉTAGE. (Plan 12.)

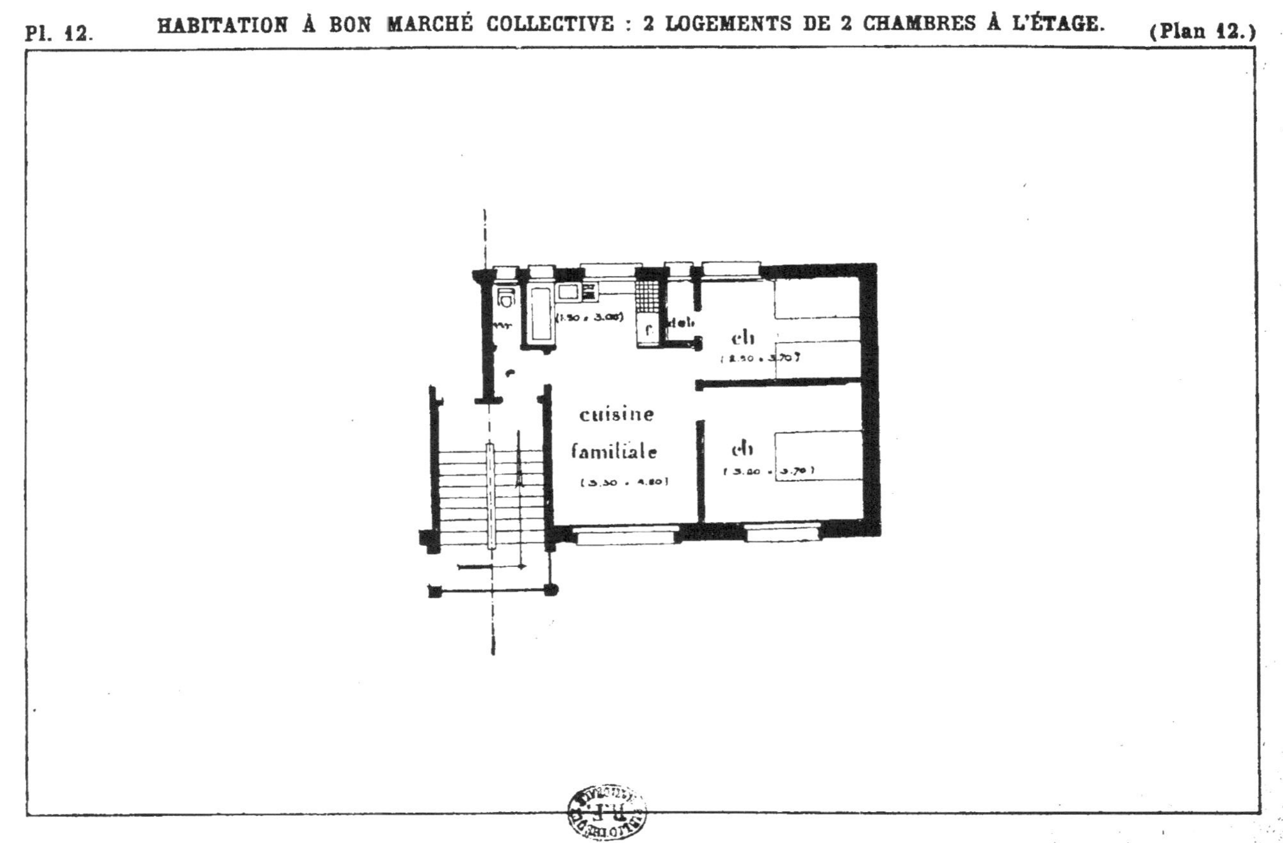

Pl. 13. HABITATION À BON MARCHÉ COLLECTIVE : 2 LOGEMENTS DE 3 CHAMBRES À L'ÉTAGE. (Plan 13.)

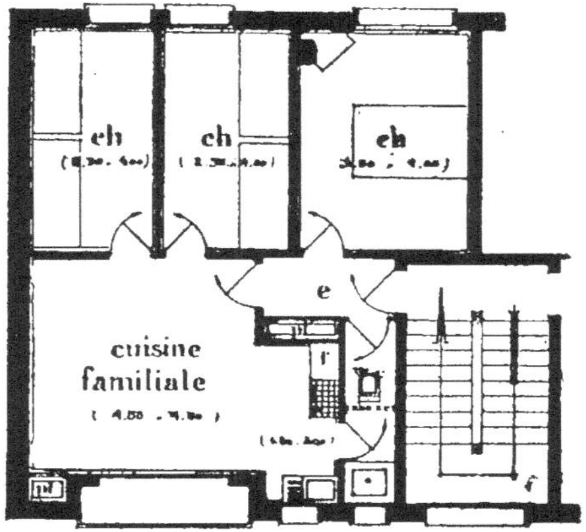

ch

ch

ch

e

cuisine familiale

f

Pl. 14. (Plan 14.)

HABITATION À BON MARCHÉ COLLECTIVE :
2 LOGEMENTS DE 2 ET 3 CHAMBRES À L'ÉTAGE.

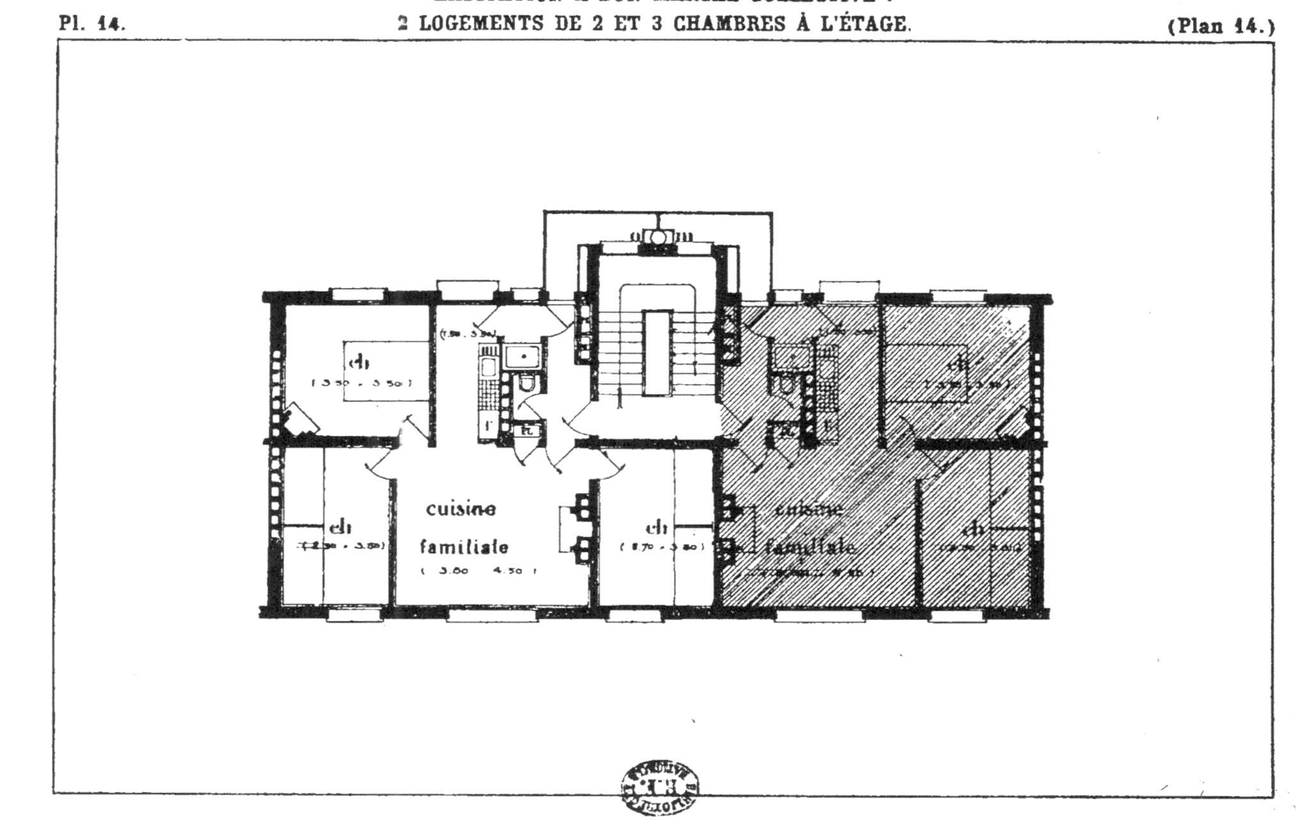

Pl. 15. HABITATION À BON MARCHÉ COLLECTIVE :
2 LOGEMENTS DE 4 CHAMBRES À L'ÉTAGE. (Plan 15.)

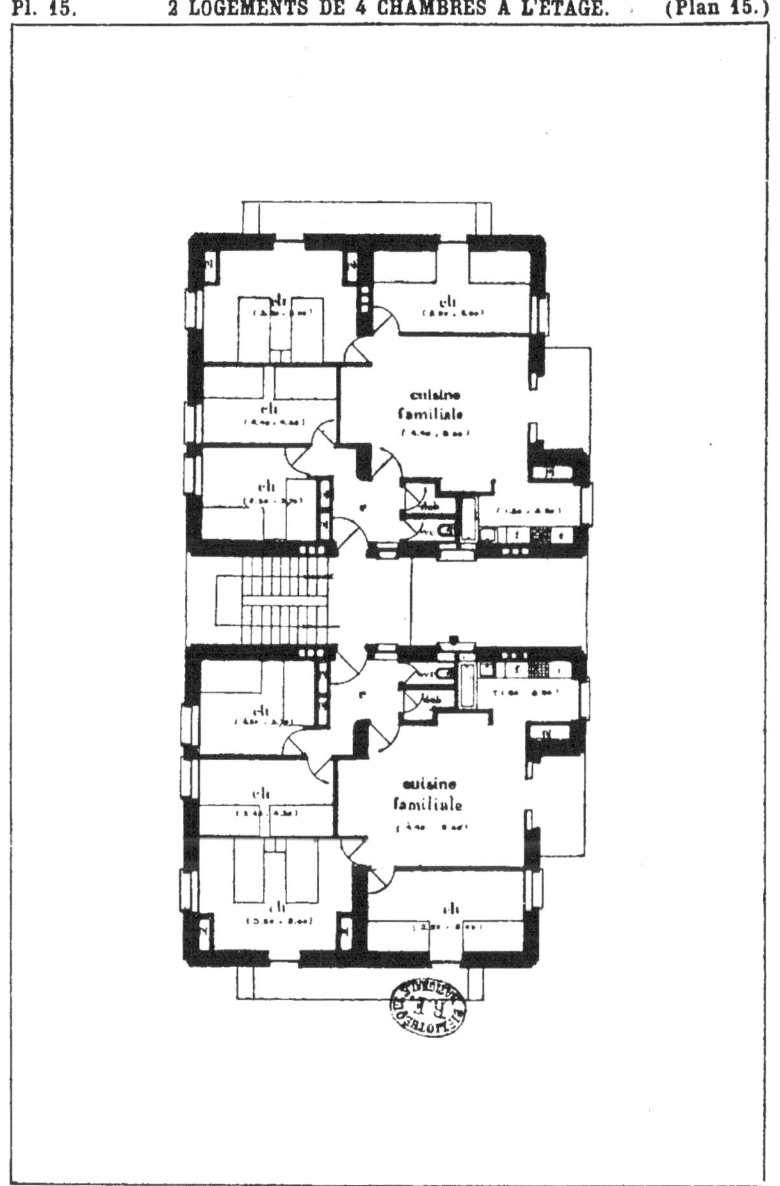

Pl. 16. (Plan 16.)

HABITATION À BON MARCHÉ RURALE AVEC ÉTAGE : 3 CHAMBRES.
DÉPENDANCES EN SUPPLÉMENT.

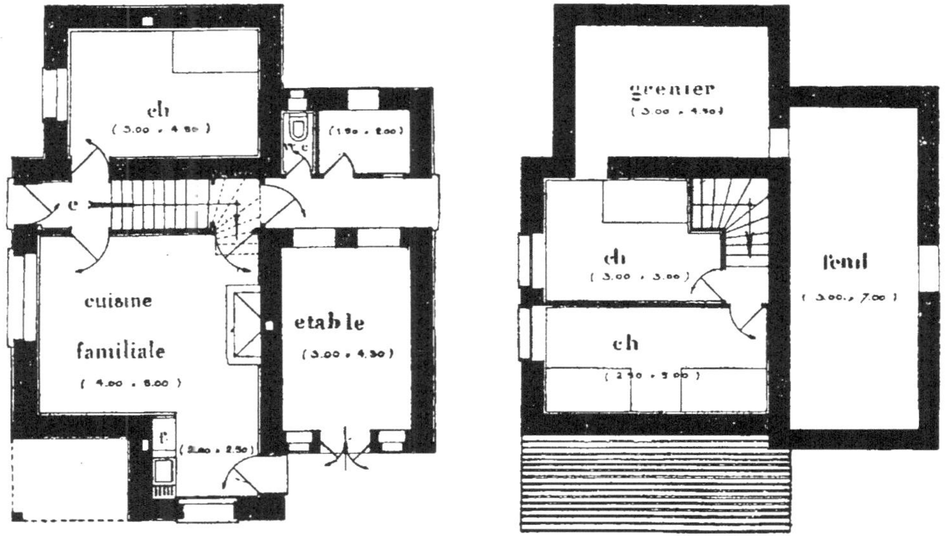

ch
(3.00 × 4.80)
(1.90 × 2.00)
c
e
cuisine
familiale
(4.00 × 6.00)
f
(2.00 × 2.50)
etable
(3.00 × 4.30)

grenier
(3.00 × 4.30)
ch
(3.00 × 3.00)
ch
(2.30 × 3.00)
fenil
(3.00 × 7.00)

Pl. 17. HABITATION À LOYER MOYEN INDIVIDUELLE, SANS ÉTAGE : 3 CHAMBRES. (Plan 17.)

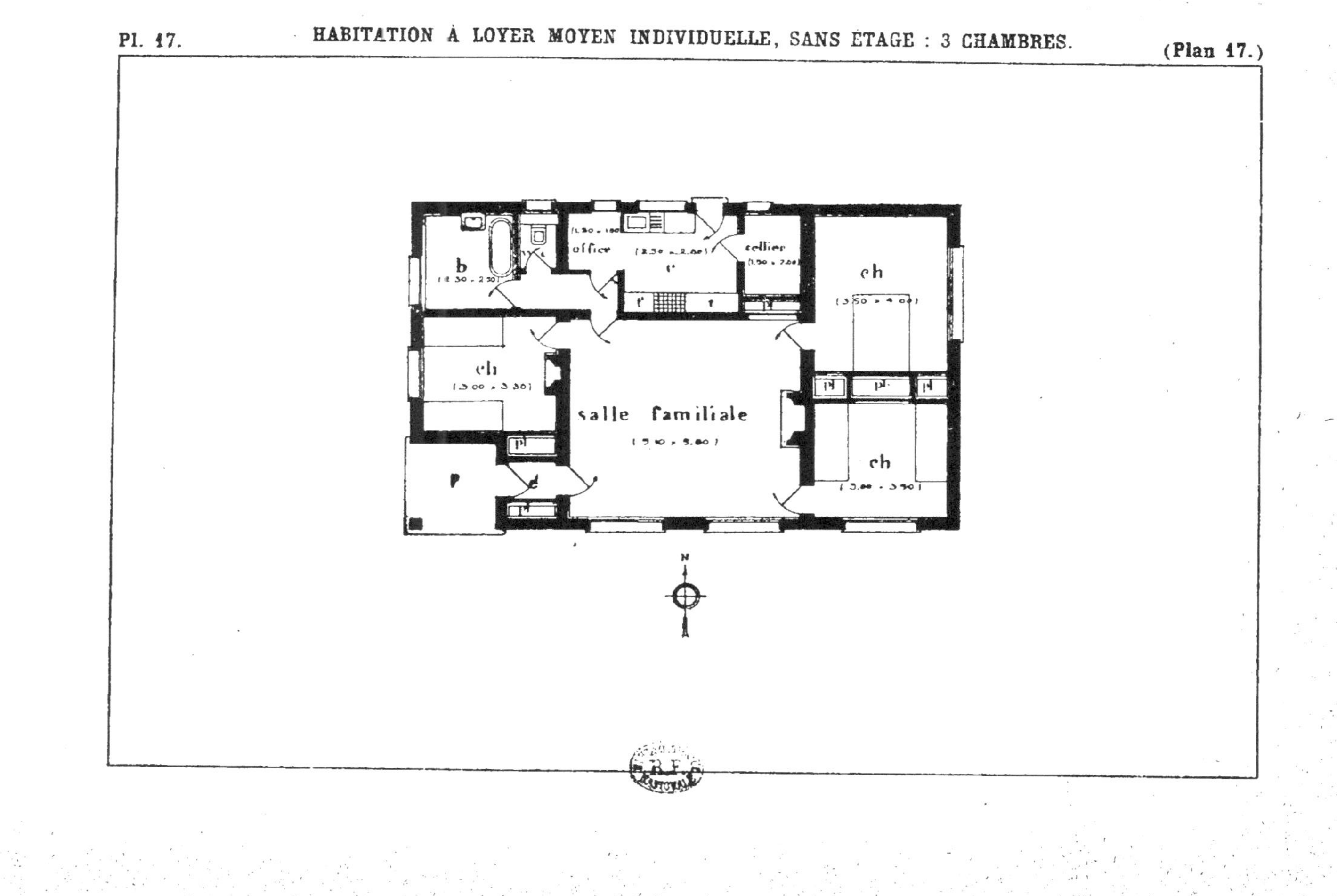

Pl. 18. HABITATION À LOYER MOYEN INDIVIDUELLE, AVEC ÉTAGE : 4 CHAMBRES. (Plan 18.)

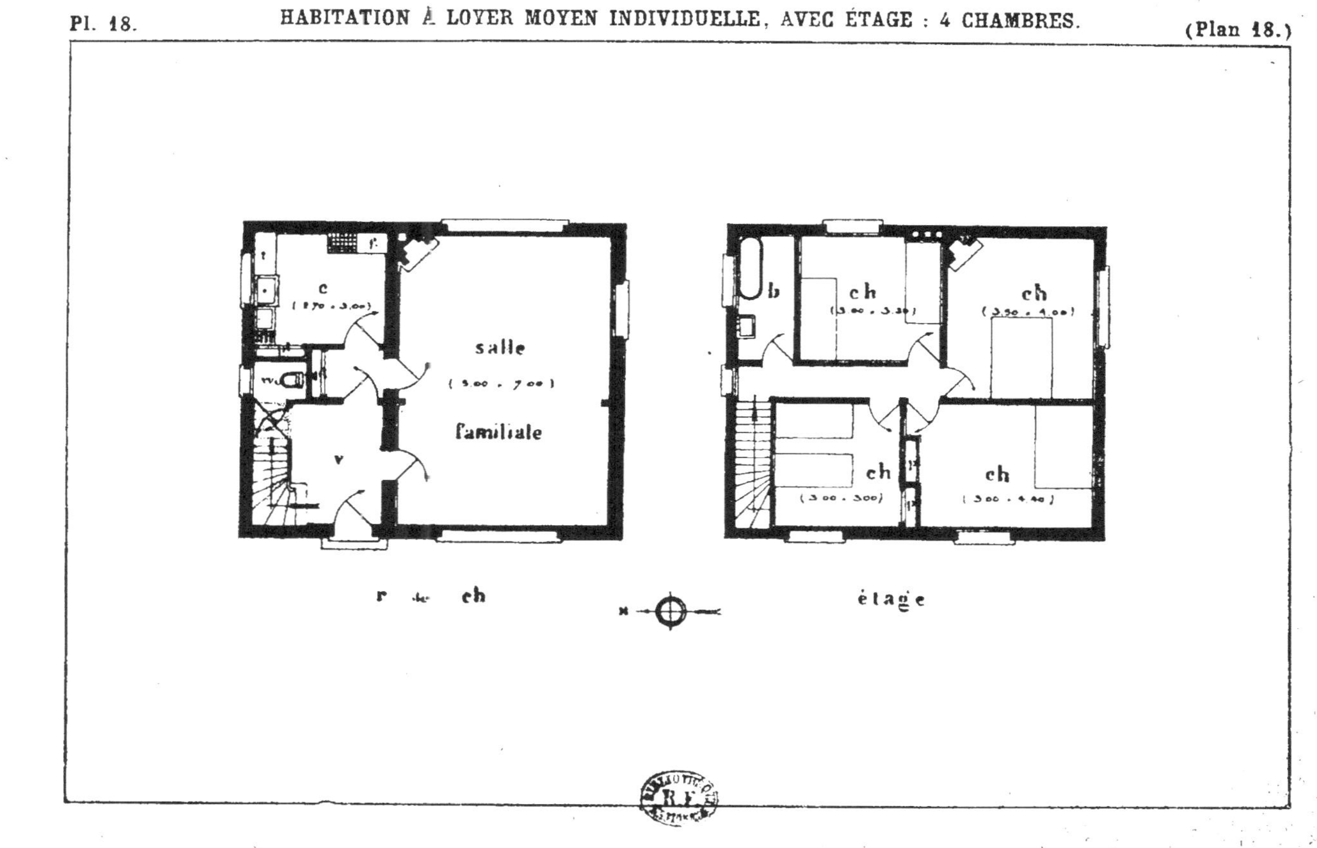

HABITATION À LOYER MOYEN COLLECTIVE :

Pl. 19. 2 LOGEMENTS (2 ET 3 CHAMBRES) À L'ÉTAGE; ASCENSEUR FACULTATIF. (Plan 19.)

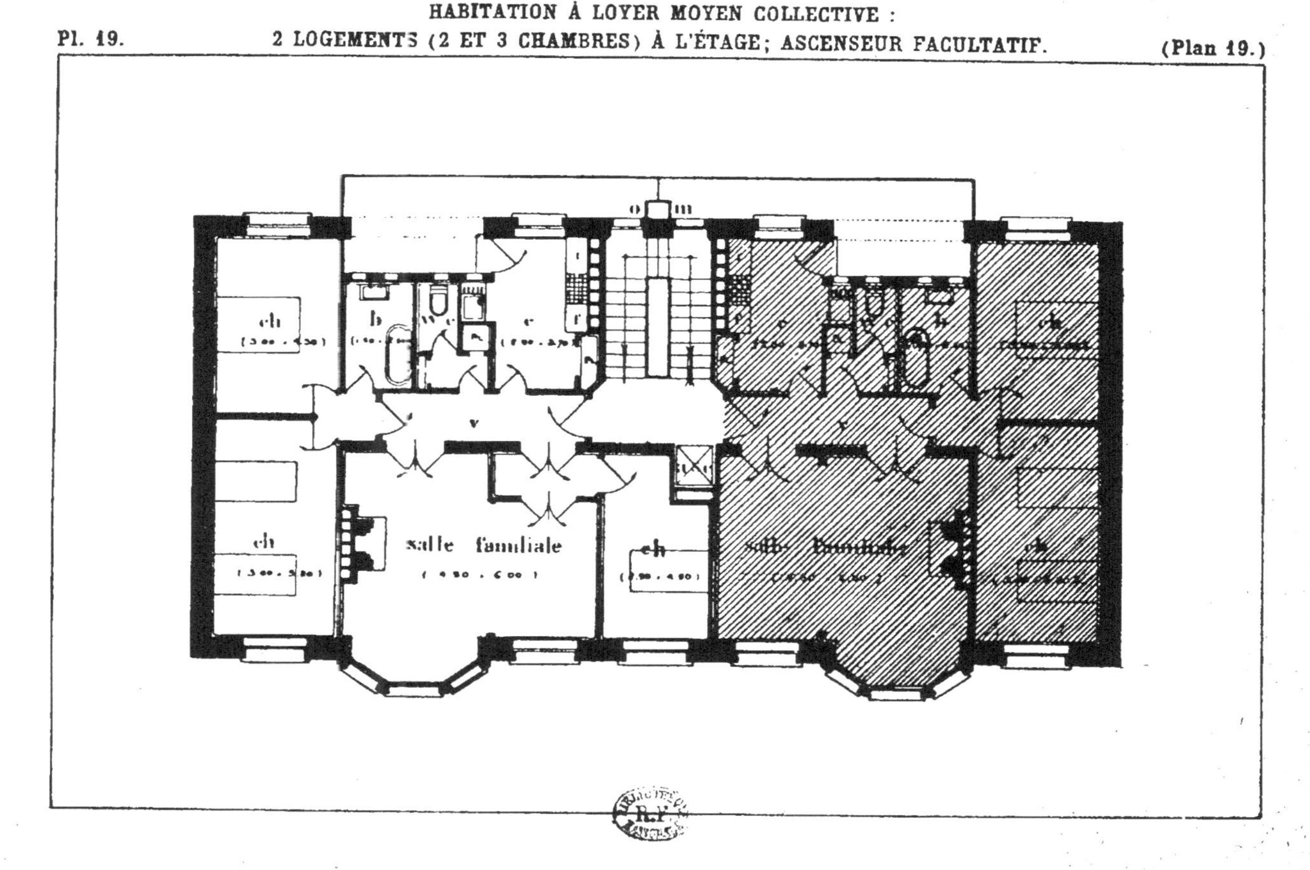

HABITATION À LOYER MOYEN COLLECTIVE :

Pl. 20. 2 LOGEMENTS (2 ET 3 CHAMBRES) À L'ÉTAGE; ASCENSEUR FACULTATIF. (Plan 20.)

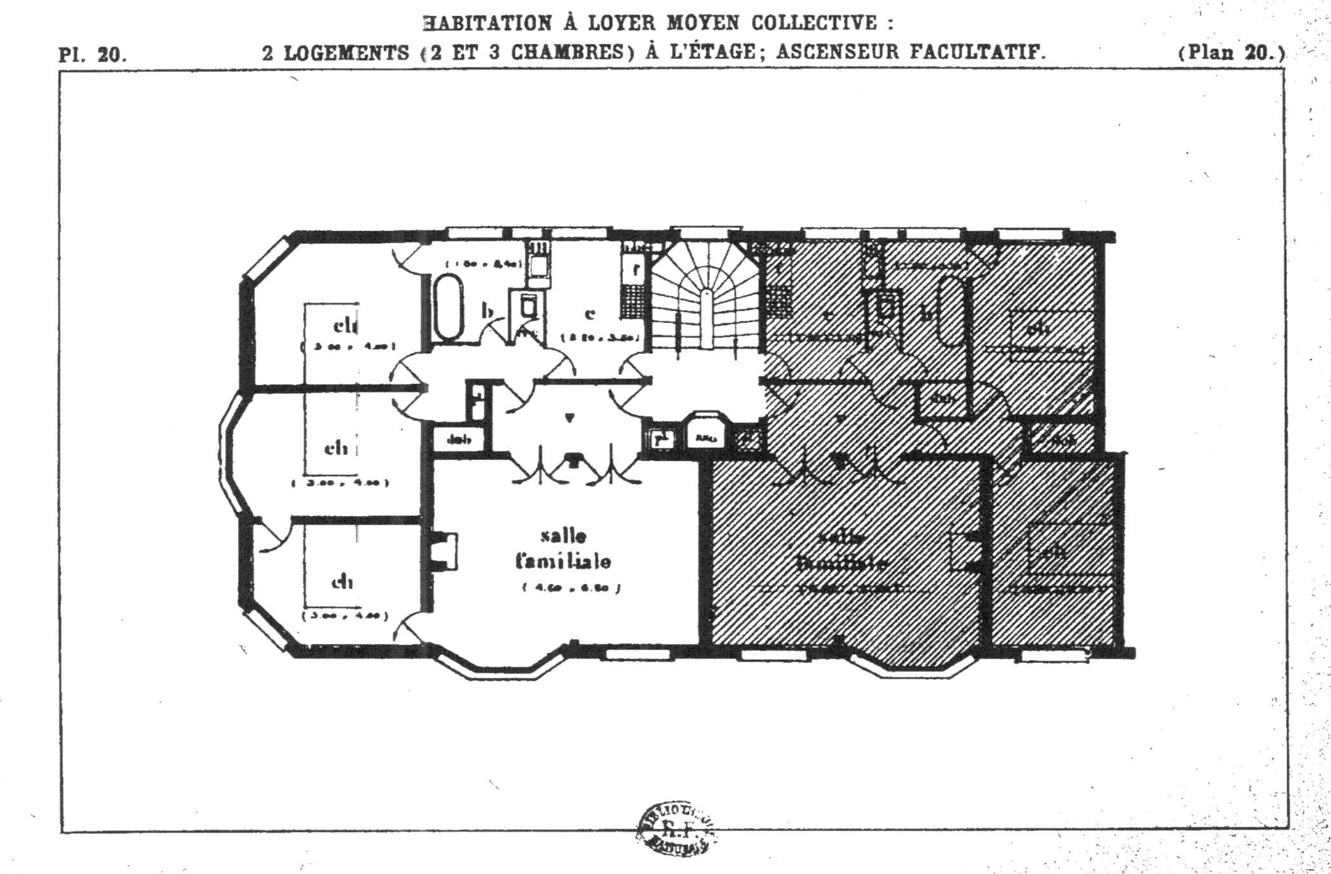

Pl. 21. EXEMPLE DE PLAN DE CITÉ-JARDIN (RÉALISÉE).

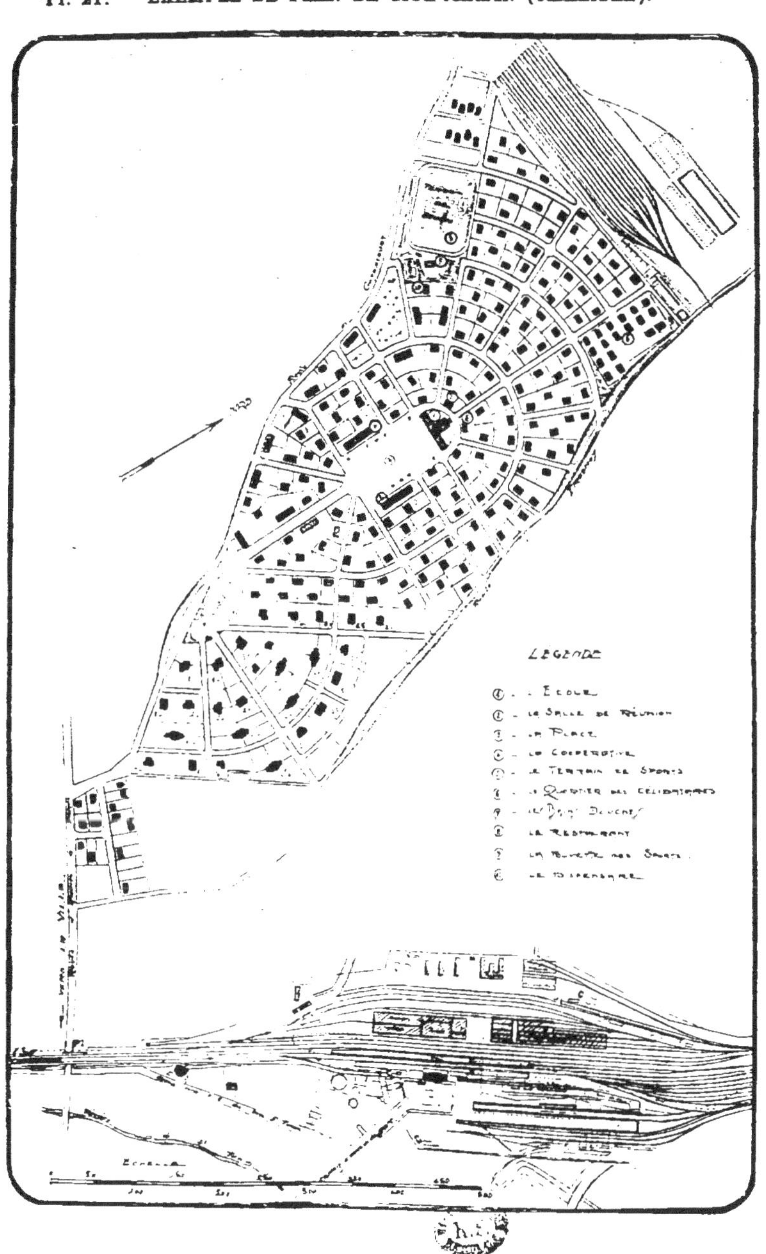

Pl. 22. EXEMPLE DE PLAN DE CITÉ-JARDIN (REALISEE).

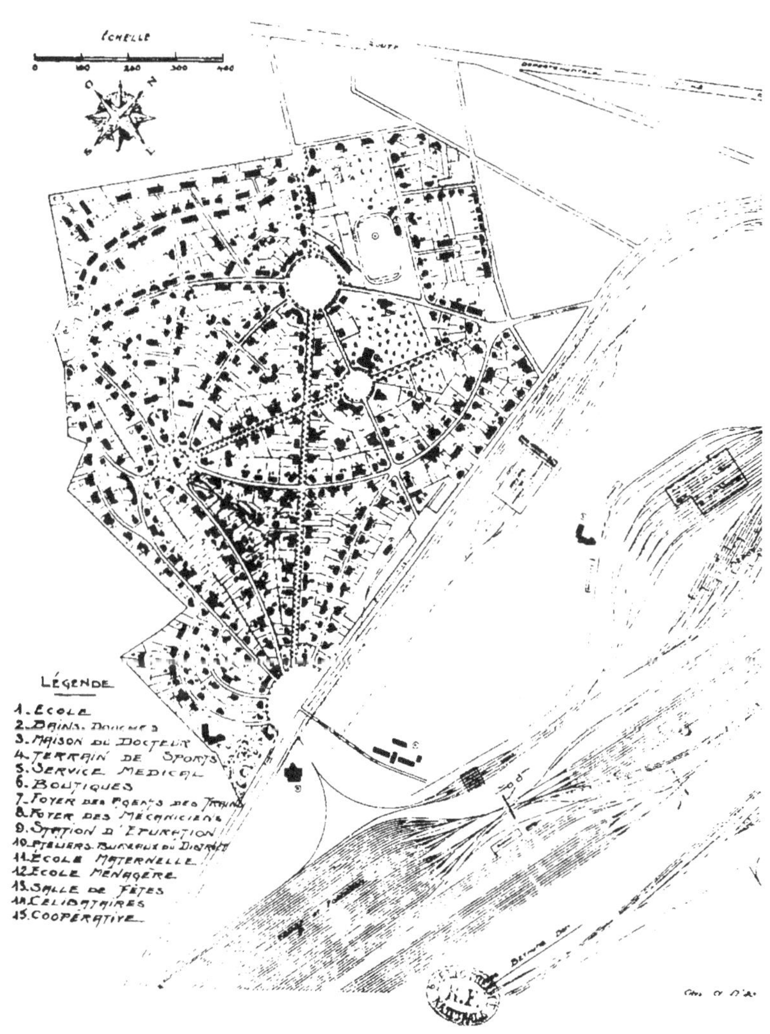

Pl. 23. EXEMPLE DE PLAN DE CITÉ-JARDIN (RÉALISÉE).

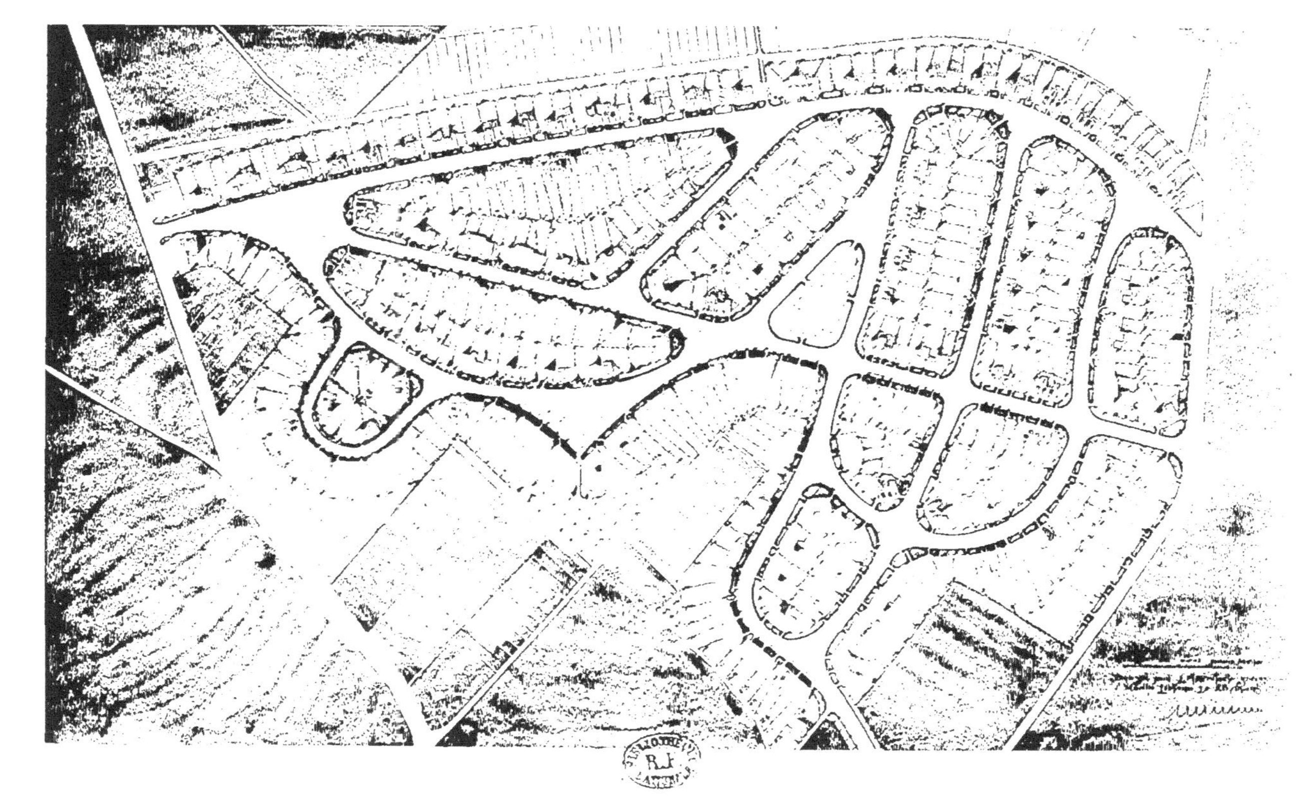

Pl. 24

EXEMPLE DE CITÉ-JARDIN.

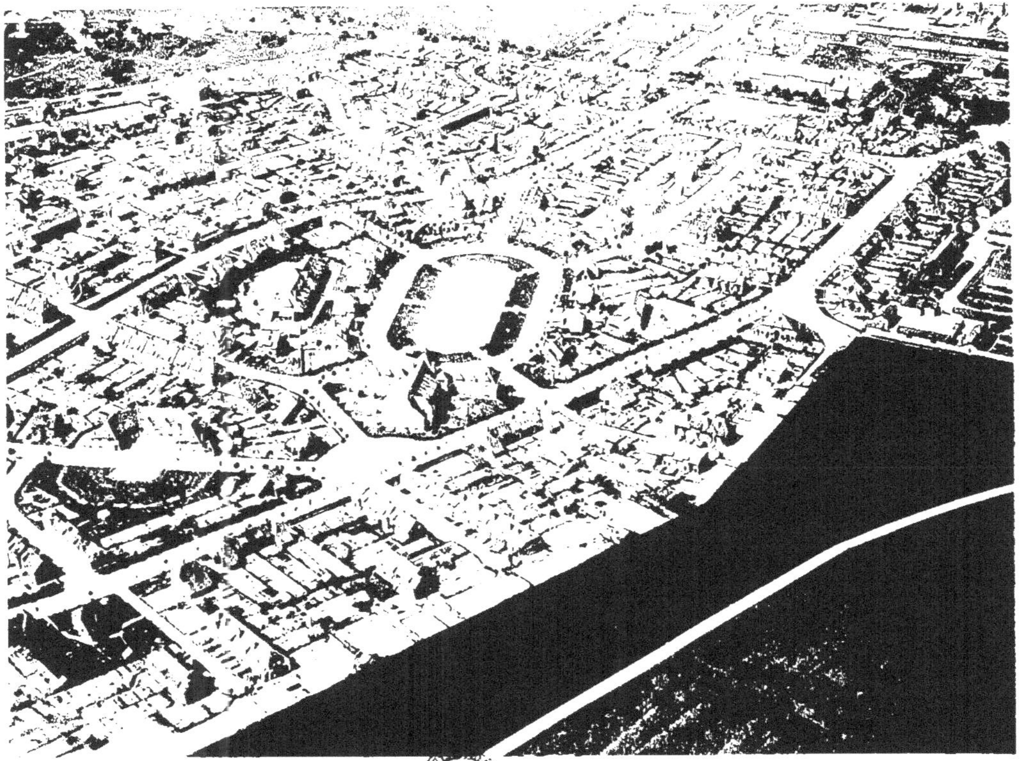

Pl. 25. EXEMPLE DE CITÉ-JARDIN

Pl. 26.

EXEMPLE DE CITÉ-JARDIN

Pl. 27.

EXEMPLE DE CITÉ-JARDIN.

Pl. 28.

EXEMPLE DE CITÉ-JARDIN.

www.ingramcontent.com/pod-product-compliance
Ingram Content Group UK Ltd.
Pitfield, Milton Keynes, MK11 3LW, UK
UKHW021542260726
13993UKWH00002B/587